How to finally understand yourself THE Mini ADHD COACH

ADHD かな?
と思ったら読む本

アリス・ゲンドロン 著
司馬クリニック院長 司馬理英子 監修　加藤輝美 訳

THE MINI ADHD COACH
By Alice Gendron

Copyright © Alice Gendron, 2023
All rights reserved.
The moral rights of the author have been asserted.

Japanese translation rights arranged with Penguin Random House UK
First published in the UK in 2023 by Vermilion.
Vermilion is an imprint of Ebury, part of the Penguin Random House group of companies.
through Japan UNI Agency, Inc., Tokyo

私って、
なんか変？

　長いあいだ、私は自分に、こんなことをくりかえし問いつづけてきた。

- どうして新しい趣味を始めても続かないの？
- どうして人の話をついさえぎってしまうの？
- どうして宿題をさっさとすませられないの？
- どうして支払い期日を守れないの？
- どうして歯医者の予約をすっぽかすの？
- どうして植木を枯らしてしまうの？

　こういう疑問が私の頭に浮かぶようになったのは、まだ子どもだったころ。疑問の声は頭の中でだんだん大きくなった。20代の初めには、それが消えず不安でたまらなかった。20代後半になると、不安はどんどんふくらんで耐えられなくなってきた。最終的に、不安と怒りはひとつの大きな疑問に集約していく。その疑問とは……「私って、なんか変？」

これまで何度も
自分に問いかけてきた

「私って、なんか変?」

　今ならわかる。その答えは……「変じゃない」。そう、何も変じゃない。私の悩みと苦しみは、ごくあたりまえ……ADHD（注意欠如・多動症）をもつ人にとっては。
　29歳でADHDと診断され、オンライン・コミュニティーで自分の苦しい経験をシェアするようになって、私はやっとその答えにたどりついた。私の「変わった行動」は、ADHDをもつ

人にはごくありふれた行動だったし、めちゃくちゃとっぴなエピソードも、じつによくある話だったのだ。

　ふりかえってみれば、私のADHD傾向は小さいころから明らかだった。ごく小さいときは、創造力に満ちあふれていたけど、しゃべりすぎるし衝動的に行動してしまう子だった。10代には夢見がちで、好きな絵を描くのには何時間でも没頭するのに、授業中に先生の話がまったく聞けない。もう少し成長すると、混乱が始まった。職を転々とし、支払いは期日を守れたためしがない。そして何カ月も病院に行こうかどうしようか迷ったあげく、やっと勇気をふりしぼって診断の予約をとった。仕事をクビになるかも、と思うと怖くてたまらなかったし、やっぱり自分の思いこみかも、という気もしてきた。それでもどうしても答えがほしい。だからとにかくいちど診てもらおう。そう決心した。

　私を診てくれた精神科医の先生がサラッと「典型的なＡＤＨＤですね」と言ったとき、肩に乗っていた重荷がふっと消えた気がした。その瞬間、私はもう毎日自分に「私って、なんか変?」と繰りかえさなくてもよくなった。答えがわかった。あとはその答えをよく研究して、理解すればいいんだ。そして、それよりもっと大事なこと。それは、「私はひとりぼっちじゃない」と気づけたことだった。

学校では間違いばかり……

新しい習いごとに大興奮
……でも続けることには興味ない

何も考えずに発言してしまう

大人のきまりが守れない
請求書

この本の使い方

　2020年、ADHDの日常を描いたイラストをインスタグラムに投稿しはじめた。自分の経験をシェアすることで、誰かに話を聞いてもらいたかったのだ。ポストした瞬間、ほんとうにたくさんの人から、「このイラスト、ものすごく共感できる」という反応が返ってきた。そういう人たちは私のイラストを見て、こう言ってくれた。「自分の変わった行動に悩んでいるのは、私だけじゃなかったんだ!」

　この本を手にとることで、もっと多くの人に同じ気持ちを味わってもらえたら……そんな思いから、この本をつくることにした。ほかの人たちが「ふつう」と感じていることは、あなたにとってはふつうじゃないかもしれないし、その逆もありうる。すでにADHDと診断されている人も、ひょっとしてそうかもと思いはじめたばかりの人も、この本を読むことで「自分は何も変じゃない」と気づいてもらえたらいい。あなたが感じていることはおかしくなんかないし、つらいと思う気持ちもほんとうによくわかる。大事なのは、自分自身をもっとよく理解してあげること。

　それから、あなたのまわりにADHDの人がいて、その人をもっと理解したいと思ってこの本を手にとってくれた人へ……すごい!　あなたみたいな友人がいる人は、ほんとうに幸せ。まわりにいる人たちが、ADHDをもつ人の言うことに耳を傾けて理解しようとしてくれるって、ものすごく重要なことなのだ。この本を読めば、ADHDの人がどんなふうに考えて毎日を過ごしているか、症状をうまくコントロールするにはどんなことが助けになるか、きっとわかってもらえると思う。

　これはADHD当事者が、ADHDのことを書いた本。手にとったら、あなたの好きなように読んでほしい。たまたま開いたページから読んでもいいし、うしろから読むのもあり。頭に入りづらければ同じ部分を10回つづけて読んでもいいし、読みたくないところはとばしてもらってぜんぜんOKだ。

私って、なんか変?　　9

まえがきに寄せて

ケイト・グリッグズ
『This is Dyslexia』著者／Made By Dyslexia創設者

　自分の考え方が、なんとなくまわりと違うと思っている人へ。いまこそ、そんなあなたが輝くときです。

　私たちの暮らしている世界は、ものすごいスピードで変わっています。いま時代の先端をいく企業は、もう同じ考えをもった人たちだけのチームではありえません。その代わりに、そういった企業では、人と違う考え方をする人たちの価値が認められつつあります——この「新しい世界」を支配するカオスを読み解くことができる、規格外の人たちが求められているのです。

　私の場合も、自分のもつ神経多様性、つまりディスレクシア（失読症）のおかげで、人とは違う見方で世界を見ることができるようになりました。現状を変えていくための運動に挑戦するうち、ほかの人たちのディスレクシアに対する見方を変えることもできました。そういった努力の結果、「失読症的思考」という言葉が世界最大のキャリア・プラッ

トフォームである LinkedIn でスキルの一つと認められ、2022 年には辞書に正式に名詞として掲載されるほどになったのです。私たち神経多様性の持ち主が、やっと自分が人と違うことを堂々と誇りに思っていいんだ、無理にまわりに合わせる必要はなく、人と違うままの自分でいていいんだ、と言えるときがやってきました。むしろそうすることにより、すばらしいことが起こったりするのです。

　ディスレクシアと ADHD（注意欠如・多動症）は、両方一緒に起こる場合が多く見られます。ディスレクシアと同じように、ADHD もおもにその強みよりマイナス面がとりあげられがちです。そして、やはりディスレクシアと同じように、ADHD をもつ人の多くが診断を受けないまま、つらい人生を悪戦苦闘しつつ乗りきっていくしかない状況に立たされています。自分の考え方の特徴をきちんと理解したうえで、ごくシンプルな変化を加えれば、最高の能力を引きだすことができるのを知らないのです。

　この本は、ADHD をもつ人がどんなことを考えているのか、深い洞察力をもって垣間見せてくれるすばらしい本です。ADHD の人の脳をうまく管理するための超実用的なコツやアドバイスが満載なだけでなく、ADHD のさまざまな面を描いた共感を呼ぶ楽しいイラストもたくさん収められています。どうかこの本が、老若男女に関わらず、ありとあらゆる ADHD をもつ人のもとに届きますように。その人たちが自分の才能に満ちた脳をうまく活用する方法を学んで、人と違う考え方をする自分を心から誇りに思えるようになることを願っています。

まえがきに寄せて　11

ADHDかな？と思ったら読む本　CONTENTS

私って、なんか変？ 3
この本の使い方 9
まえがきに寄せて ── ケイト・グリッグズ 10

PART 1 ADHD　基礎の基礎

CHAPTER 1 ADHDって何？

ADHDって何？ 19
ADHD3つのタイプ 26
ADHDそれともADD? 30
ADHDの人ってどのくらいいるの？ 31
ADHDにまつわる誤解 32

CHAPTER 2 ADHDの診断

ADHDの診断をするのは誰？ 37
ADHDの判定 38

ADHDの症状 ················· 39

大人になってからADHDと診断される人が

多いのはなぜ? ················· 44

関連性のある症状 ················· 46

CHAPTER 3 ADHDと診断されたら？

ADHD診断後の感情をコントロールする ····· 49

診断について周囲に話す ················· 52

支援してくれる人を探す ················· 55

CHAPTER 4 ADHD用語集

分析まひ／不安／燃え尽き／過剰補償（先回りしすぎ）／感情調節異常／実行機能／ハイパーフォーカス（集中しすぎ）／メルトダウン（パニック状態）／マスキング（カモフラージュ）／気分のムラ／オーバーシェアリング（プライバシーを公開しすぎる）／RSD（拒絶感受性ディスフォリア）／ADHD税（ADHDが原因の出費）／タイムブラインドネス（時間を把握できない）／ウェイティ

ングモード／ワーキングメモリー（作業記憶）／
ゾーンアウト（ぼんやり）

PART 2 ADHDの1日

目覚め／慢性疲労／衛生管理／メイクアップ／カフェイン／食事を忘れる／物をなくす／遅刻／運転／メール／仕事／事務作業／締切／食料買い出し／趣味／運動／片づけ／デート／アルコール／料理／過食／ビデオゲーム／映画を観る／恋愛関係／就寝

PART 3 ADHDのための
ライフハック

| HACK #1 | ハードワークじゃなくて、スマートワークを目指そう | 178 |
| HACK #2 | 習慣を積み上げよう | 180 |

HACK #3	日常生活をゲーム化しよう	182
HACK #4	ポモドーロ・テクニック	184
HACK #5	色分けしよう	186
HACK #6	まとまりごとに作業しよう	188
HACK #7	片づけはこまめに	190
HACK #8	チャレンジ・パートナーを見つけよう	192
HACK #9	ボディダブリング	194
HACK #10	ラベルづけ	196
HACK #11	ブレインダンプ（頭の中の棚おろし）	198
HACK #12	常識との葛藤	200
HACK #13	リマインダーを活用しよう	202
HACK #14	チェックリストを活用しよう	204
HACK #15	タスクの自動化	206
HACK #16	音楽の力を借りよう	208

さいごに 210

謝辞 212

ブックデザイン／山田知子（Chichols）
DTP ／野中賢・安田浩也（システムタンク）

part 1

ADHD
基礎の基礎

ADHD 101

　ＡＤＨつの症状については、誤解されている部分がとても多い。だからこそ、とくにＡＤＨＤをもつ人にとっては、その誤解を解き、正しい理解を求めていくことがものすごく大切だ。私たちの脳のはたらきはふつうの人とどう違うのか、それが日常生活でどんな問題を引き起こしがちなのかを理解しておけば、心をおだやかに保って暮らせるようになる。自分の行動原理がわかっていれば、解決策もずっと簡単に見つけられる。そして、そういう行動をとってしまうのが自分だけじゃないとわかれば、自分に対してずっとやさしい気持ちになれる。

CHAPTER

1

ADHDって何?

WHAT IS ADHD?

ADHDって何?

　ADHDと診断されたからって、その瞬間からADHDが何なのか、わかるはずがない。子どものころにADHDと診断されたけど、それが自分の日常生活にどんな影響を与えているのか、ぜんぜんわかってなかった、というメールが、たくさんの人から毎日のように私のもとに届く。29歳になってADHDと診断された私も、気持ちとしてはまったく同じ。あなたはADHDです、と診断されはしたけど、それがいったいどういうことなのか、説明してくれる人は誰ひとりとしていなかった。だから、ここでまず、ADHDの真実の姿をおさらいしておこう!

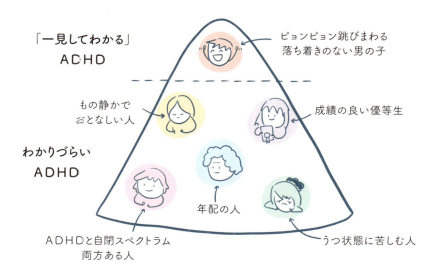

ADHDは
神経発達症の一つ

ADHD

attention
（注意）
defecit
（欠如）
hyperactivity
（多動）
disorder
（症）

　神経発達症とは、脳と神経系の発達に影響が出る症状のこと。つまり、ADHDの人の脳は、そうじゃない人の脳と、働き方が違う。そして、ADHDの人はそういう脳をもって生まれてきて、そのまま一生変わることはない。

ADHDは
（たぶん）遺伝のせい

　ADHDを引き起こす原因が何か、まだ完全に解明されてはいないけど、遺伝に関係があると考える専門家が増えている。ADHDが遺伝によって引きつがれる可能性は、80パーセントぐらいらしい。あなたの家族の中にADHDの人がたくさんいるなら、関係あるかも。

ADHDは
ドーパミンとつながりがある

　ADHDはドーパミンとつながりがあると考える人はたくさんいる。ドーパミンというのは神経伝達物質で、おもに喜びや褒賞といった感情を伝えるはたらきをする。いくつかの研究によると、ADHDの人はドーパミンの量が少ないらしい。だからときどき精神刺激薬を使ってドーパミンの量を増やすことで、ADHDを治療しようとするケースもある。

ＡＤＨＤ脳は
ふつうの脳と違う

ADHDじゃない脳

ADHD脳

　ADHDは神経発達症。ということはつまり、ADHDの人の脳は、そうじゃない人の脳とは発達の仕方が違うのだ。ADHDの人の脳について調べた研究はほんのわずかしかないんだけど、ある実験では、ADHDと診断された人の79.3パーセントは、脳の構造を見るだけでADHDだと判別できたらしい。

ADHDの人の見え方

WHAT ADHD CAN LOOK LIKE

ADHD
3つのタイプ

　同じADHDと診断された人の中でも、人によって症状がかなり違うって知ってた？　もちろん人それぞれ感じ方が違うせいもあるけど、そもそもADHDには大きく分けて3つのタイプがあるのだ。

アメリカ精神医学会では、こんなふうに分類している。
- 多動‐衝動優勢型
- 不注意優勢型
- 混合型

　各タイプにそれぞれ特有の症状があって、いろんな面で日々のくらしに影響を及ぼす。人生のある時点で「あなたは〇〇型」と診断されたとしても（たとえば、子どものときに多動型と診断されたとしても）、もっとあとになってから別タイプの症状が出てくる可能性もある。それに、ADHDの人は成長期に多動型の症状を隠すことが多く、そういう人が大人になってから不注意優勢型のADHDと診断される場合もある。

多動-衝動優勢型ADHD

　このタイプの人は、おもに多動と衝動の症状が多く出る（どんな症状かはCHAPTER 2を見てね）。注意力の欠如や忘れっぽさも多少はあるかもしれないけど、不注意優勢型や混合型の人ほど目立つ症状としてはあらわれない。多動型といっても、精神的な多動もあれば身体的な多動もあり、両方とも出る場合もある。多動-衝動優勢型の人は大人にはあまり見られず、就学前の子どもにいちばん多いタイプ。

不注意優勢型ADHD

不注意優勢型の人は、「夢見がちな人」と言われることが多い。たいていの場合、忘れっぽかったり、気が散りやすかったり、集中力がなかったりするのが悩みの種。いつも「ぼんやり」している感じで、自分の世界に入りこんでいるように見える。ADHDでも不注意優勢型だと、身体的な多動傾向はあまり見られない。

混合型ADHD

注意欠如型の
特徴がある

プラス
多動傾向もある

　混合型の人は、気が散りやすかったり忘れっぽかったりして困るうえに、多動と衝動にも悩まされている。どの症状が強く出るかは人によって違うけど、自分の多動・衝動傾向を隠す人もいる。大人になってからADHDと診断された人はこの混合型のケースが多く、身体的な多動より精神的な多動を経験することがよくある。

ADHD それともADD?

　ADDという言葉は、いまではほとんどの国で使われておらず、その代わりにADHDという略語が使われるようになった。以前は、ほかのADHDの人にくらべて多動の症状があまり出ない人のことを、ADDと呼んでいた。だけど1987年、アメリカ精神医学会がもうADDという言葉は使わないと決めた。

　その後、1994年に、ADHDを3つのタイプに分ける考え方が導入された。昔ADDと診断されたことのある人は、それはいまで言うと不注意優勢型ADHDだと思ってもらえばいい。

ADHDの人って どのくらいいるの？

　自分のまわりにADHDの人がけっこういることを知って驚く人はたくさんいる。でも、じつはADHDはそれほど珍しい症状ではなくて、知名度もかなり上がってきたし、話題にのぼることも増えてきた。ADHDをもつ大人は世界人口の約2.8パーセントを占めると言われているから、自分の知りあいにADHDの人がいても全然不思議じゃない。

　いくつかの研究で、アメリカ国内のADHDの大人の数は、成人人口の4.4パーセントにもなるという数字が算出されている。つまり、アメリカだけで、ADHDの人は1500万人近くもいるということになるのだ！でも、正確な数を決めるのはなかなか難しい。診断ミスも多いし、診断されないままの人もたくさんいる。国によっては、ADHDをもつ人のデータを集めてさえいないところもある。

ADHDにまつわる誤解

「ADHDは男の子の病気」

　長いあいだ、ADHDは落ち着きのない男の子……じっとしてられなくて、すぐかんしゃくを起こす男の子のイメージと結びつけて考えられてきた。でも、これは型にはまった、もうかなり時代遅れの考え方。現実のADHDは、それよりはるかに複雑なのだ。ADHDの症状のあらわれ方は人によって全然違うし、性別も年齢も関係ない。

「ADHDは怠け病」

私、すごく
がんばってるのに……

もっとがんばった
ほうがいいんじゃない?

　ADHDの人はやらなきゃならないことをつい先延ばしにしがちだし、なかなか仕事に取りかかれない? そのとおり。 じゃあADHDの人って、怠け者なの? それは絶対違う。同じ仕事に取り組むときも、ADHDの人はたいてい、そうじゃない人よりずっとがんばらないといけない。ADHDの人を怠け者とみなすのは、その人にとっても周囲にとっても、いいことはひとつもない。とくに、まだADHDと診断されていない人が、「自分は怠け者なんだ」と思いこんで、自己否定に陥ってしまう可能性がある。現実は、もっともっと複雑なのに。

「ADHDは親の育て方が悪いせい」

私、
ADHDなんだ

5歳になる前から
テレビ漬け
だったでしょ?

　糖分のとりすぎとか、テレビの見すぎとか、おもちゃの与えすぎとか……ADHDになったのは親の育て方が悪かったせいだと言ってくる人はたくさんいる。ADHDの原因はまだきちんと解明されてない部分が多いけど、ADHDは生まれつきのもので、育ち方のせいでなるわけじゃないのは確か。

ADHDって何? 33

「ADHDの人は
ひと目見てわかる」

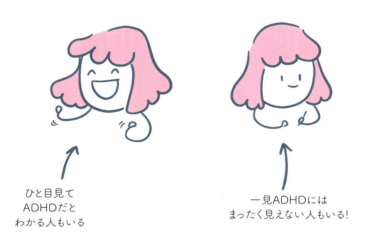

ひと目見て
ADHDだと
わかる人もいる

一見ADHDには
まったく見えない人もいる！

　ADHDの診断を受けていない人がまだまだたくさんいるのは、この誤解が世間に大々的に広まっているせいもあると思う。ADHDは、ひと目見てわかるケースばかりだとは限らないし（まあ、ひと目見てわかるケースもあるんだけど！）、たいていの場合、見かけだけでその人がADHDかどうか確実に判断することはできない。なぜなら、ADHDをもつ人の症状はそれぞれ違っていて、全員がその人独特の行動パターンをもっているから。だからこそADHDの診断は、一筋縄ではいかないのだ。このことについては、CHAPTER 2で詳しく説明する。

ADHDについては、いまだに解明されていないことがたくさんある。研究もかなり進み、すぐれた専門家の人たちがいろんな発言をしてくれるようになったけど、それでもADHDにはまだまだ誤解されている部分が多い。いろいろ書いたけど、この章を読んでみて、ADHDのことが少しわかってきた、と思ってもらえただろうか？ CHAPTER 2では、ADHDの診断について、知っておいたほうがいいことを全部説明するよ！

　ここで改めて、覚えておいてほしいことをあげておくね。

ADHDは子どもたちにとても
多い発達障害のひとつ。

ADHDの人の脳は、
そうじゃない人の脳と、
働き方がちょっと違う。

ADHDと言っても、そのあらわれ方は
人によって全然違う。

ADHDは、まだまだ
誤解されている部分がたくさんある。

CHAPTER
2

ADHDの診断

THE ADHD DIAGNOSIS

ADHDの診断をするのは誰？

患者は医療の専門家に自分のこれまでの経験を詳しく話す

　ADHCの診断を正式にできるのは、医療の専門家だけ。たいていの国では、精神科医が認定された専門家として、正式な判定を行っている。

ADHDの判定

　ADHDの診断は、臨床評価によって行われる。つまり、医療の専門家が、あなたの症状を詳しく観察するということ。脳のスキャンやほかのテストを行う場合もあるけど、それは国や医師によって違ってくる。たいていの場合、いくつかの質問表に答えた結果と、最新版の『Diagnostic and Statistical Manual of Mental Disorders（精神疾患の診断・統計マニュアル：DSM-5）』に載っているものなど、公式の症状リストを使って判定する。

　診断のために医療の専門家は、次のようなことを確認する必要がある。あなたに症状のいくつかがあらわれているか、その症状があなたの生活によくない影響をおよぼしているか、その症状が2、3カ月以上続いているか。

ADHDの症状

ほとんどの国では、ADHDと診断されるには、不注意の症状を少なくとも5つと多動の症状を少なくとも5つ、それぞれ経験している必要がある。また、確実にADHDによる症状だと認めるため、そういった症状が6カ月以上続いていないといけない。さらに、その症状があなたの生活の少なくとも2つの場面（たとえば仕事と人間関係）に影響を与えている必要がある。

不注意の症状

何かをどこかに
置き忘れたり、
物をなくしたりするのは
不注意の症状

> よくある不注意の症状：
> - すぐ気が散る
> - 整理整頓が苦手
> - 1つのことに集中できない
> - よくミスをする
> - 指示どおりに動けない

　忘れっぽいこととすぐ気が散ることは、不注意のいちばん目立つ症状だ。たとえばしょっちゅうスマホやカギや財布をなくしたり、誰かが話している最中に全然聞いてなかったり、といった症状がこれ。ただし、ADHDの人は、こういった特徴を上手に隠したり埋めあわせしたりする技術を身につけている場合も多い。だから、「わたしは物をなくしたことなんかない」という人もいると思う。でもそれは、物をなくすのが怖いから、つねになくさないようしつこくチェックしているせいなのかも。

40

多動・衝動の症状

人の会話に途中で割りこむのは衝動症状の一つ

よくある多動の症状：
- そわそわする
- 不安でたまらない
- リラックスできない
- 早口でわーっとしゃべる
- 他人の会話に途中で割りこむ

　ADHDの多動症状は、長いことじっとすわっているのが難しいだけじゃない。たとえば精神的な多動症状というのがあって、頭の中をぐるぐるといろんな考えがめぐって、夜なかなか寝つけないといったことも起こる。人の会話の途中で急に割りこんだり、衝動買いをしたり、そわそわと落ちつかない、というのも多動・衝動の症状の一種。

非公式だけど
ありがちな症状

感覚過敏は
非公式だけど
ADHDによくある
症状の一つ

非公式だけどありがちな症状：
- なかなか寝つけない
- 音や食べ物の食感などに対して、感覚的に過敏なところがある
- 自分を否定されたり批判されたりすると過剰に反応する
- 時間の感覚をつかむのが苦手
- 興味のあることにはものすごい集中力を見せる

　ADHDの人の中には、公式のADHD症状リストには書かれていない特徴をもっている人もたくさんいる。そういう特徴は、公式のADHDの診断基準には使われないけど、やっぱりADHDの人によくあるものだったりする。たとえば、時間の感覚をつかむのが苦手、感情を制御できない、否定されると過剰に反応してしまう、特定の物事にものすごく集中できる、特定の感覚的な情報入力に極端に敏感、といったことだ。

ADHDの人の感情

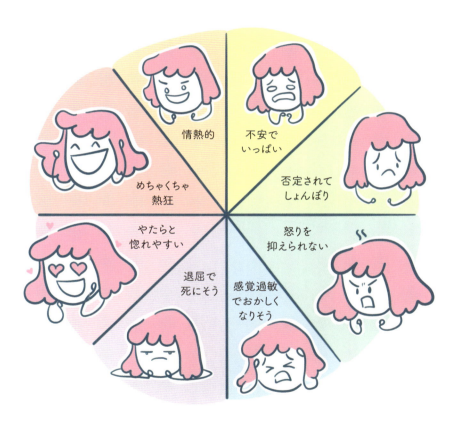

大人になってから ADHDと診断される人 が多いのはなぜ？

　大人になってからADHDと診断される人は、どんどん増えてきている。これは、ADHDの症状が、以前に考えられていたよりずっと判断しづらいことがわかってきたせいだと思う。

　それに最近では、自分がADHDの診断を受けたということをオープンに語る人も多くなっている。そのおかげで、ADHDにまとわりついていたマイナスの烙印も、少しずつ取り払われつつある。それでも、大人がADHDの診断を受けるのをためらう要因は、まだまだたくさんある。

診断にかかる費用

　ADHDの評価を専門家に下してもらうのに、結構な費用がかかる国はたくさんある。ADHDの人は一般的に決まった職に就きにくく、満足な収入を得るのが難しいという事実を考えると、診断に費用がかかることが、たくさんの大人がADHDと診断されないまま暮らしている理由の一つだと言えると思う。

診断の順番待ち

　たとえ無料で公的な健康保険を使える国に住んでいたとしても、ＡＤＨＤ診断を求める人たちはすごく多いので、とんでもなく長いあいだ順番待ちをさせられる。そういう国に住んでいる人から、評価の順番待ちに2年かかるという話をきくこともよくある。

診断されないかも、という不安

　ＡＤＨＤ診断への第一歩を踏みだせない人の中には、医療の専門家に自分の症状のことを話しても、あなたはＡＤＨＤじゃありませんと言われるんじゃないか、という不安を抱える人も多い。残念ながら、そういうケースもときどきある。もし医療の専門家から、あなたはＡＤＨＤじゃないと言われたけど、その評価に十分な時間をかけたとは思えないという場合、ほかの専門家からセカンド・オピニオンをもらうのもいい考えだと思う。

関連性のある症状

　ADHDの症状は、ほかの疾患の症状とよく似ている場合がある。だから、本当はADHDなのに、不安症やうつと診断され、どうしていいかわからなくなる人もいる。たとえば、集中できないというのはうつの症状と間違われやすいし、衝動的な行動は境界性パーソナリティ障害（BPD）の特徴の一つでもある。もし自分に下された診断がしっくりこない気がしたら、セカンド・オピニオンを求めてもいいし、自分の感じている違和感を友だちや家族に話してみてもいい。

ADHDの診断を受けるのは意外と難しい。これは、ADHDの性質がとてもややこしくて、人によってあらわれ方が違うせいもあるけど、もう一つの理由として、ほかの精神障害がADHDの症状を隠してしまう場合もあるから。ADHDに関する認知度はかなり上がってきたけど、それでもまだ、ときには精神医療のプロの中にさえ、古くさい型にはまった見方しかできない人たちがたくさんいる。これからはどんどん状況が改善されていって、自分はADHDかも……と思う人が、すぐに正しい答えを得られるようになればいいな、と願っている。次のCHAPTER 3 では、実際にADHDと診断されたらどうすればいいか、その答えについて詳しく解説していくよ。それから、覚えておいてほしいことをまとめておくね。

ADHDの診断ができるのは、
医療の専門家だけ。

ADHDはほかの障害と間違えられたり、
見過ごされたりすることがある。
とくに、型どおりの症状がない
タイプの人に起こりがち。

ADHDの症状の出方は、
人によって千差万別。

ADHDの診断　47

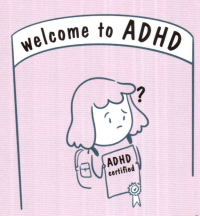

CHAPTER
3

ADHDと
診断されたら？

WHAT HAPPENS AFTER
AN ADHD DIAGNOSIS?

ＡＤＨＤ診断後の
感情を
コントロールする

　ＡＤＨＤと診断されたら、いろんな感情が一挙に湧いてくるのは、ご くふつうのこと。新しい世界に大きな一歩を踏みだしたのだから、感情 を調節する時間が必要になる人がたくさんいるのも当然だ。私自身は 29歳のときにＡＤＨＤとの診断を受けたのだけど、言われた瞬間、すご くホッとした。いつも自分に対してくりかえしてきた「私って、なんか 変？」という疑問に対する答えに、やっとめぐり会えたから。その答 えは、「何も変じゃない」。私はただ、人と少し違うだけだった。

　だけど、このホッとした前向きな気持ちは、すぐに悲しみや怒り、混 乱といった否定的な感情におきかわった。診断を受けてから数カ月は、 感情がかなりぐちゃぐちゃだったことを覚えている。反発しあういくつ もの強い感情が私の中に渦巻いていたけど、自分がそんなふうになるな んてまったく予想もしてなかった。

「ＡＤＨＤだと診断された人はみんな、
本当にそうなんだろうか、と疑いたくなる。
あなたもそうなら、気にしないで。そう感じるのは、あなただけじゃない」

ＡＤＨＤと診断されたら？　49

　ADHDと診断されたあと、悲しくなるのはごく自然なこと。私も診断を受けたあと、数週間はものすごく気分が落ちこんだ。診断を受ける年齢にもよるけど、なんだか自分の人生の一部を無駄にしてしまったように思える場合も多い。もっと早くわかっていれば、違う人生を送れたかもしれないのに、と考えたりする。これまでの人生を思いかえして、ADHDと診断されていなかったせいで、仕事や恋愛や自己評価にマイナスの影響が出ていたんじゃないかな、と思いたくなる。そういう後ろ向きな気持ちになってしまっても、大丈夫。ゆっくり時間をかけて自分と向きあい、一人で乗りこえるのがつらいなら、誰かに助けを求めよう。

　ADHDの診断を求める人たちの多くは、自分が抱えている症状に対して混乱や不安を感じている。でも残念ながら、正式にADHDと診断されてからも、その診断がほんとうに正しいのかどうか疑ってしまう人たちがいる。そういう人たちは、自分が社会に対して嘘をついている詐欺師のような気がしたり、自分がADHDだということをなかなか受けいれられなかったりする。私自身、診断を受けたあと数週間はそんな感じだった。あなたも同じことを感じているなら、誰かにそのことを話してみると、すごく楽になるよ。それに、自分の受けた診断にどうしても納得がいかないところがあるなら、セカンドオピニオンを求めてもぜんぜんOKだってことを覚えておいて。

ADHDと診断されたとき、ものすごく重い肩の荷が下りたような気分になれる人もいる。精神科医の先生から検査結果を聞いたときの私が、まさにそんな感じだった。診察室を出る私の顔には、幸せな笑みが浮かんでいた。「私って、なんか変？」と長年考えこみ、なんの答えも見つけられなかった私にとって、自分の悩みに貼れるラベルが見つかったのは、すごくホッとするできごとだったのだ。もしあなたがいまそういう気分なら、新しい情報がもたらしてくれた心の平和を受けいれて、思いきり幸せを感じてほしい。

ADHDの診断を受けたあと、心が怒りでいっぱいになっている人も、心配しないで。それはあなただけじゃない。診断に対する反応として、ものすごく極端な感情が湧いてくることがある。とくに、大人になってから診断を受けた場合にはよくあるケースだ。私の中にも、そういう感情が湧いてきた。助けを必要とする症状に私が苦しんでいることに、どうして誰も気づいてくれなかったんだろう、と人を責めたくなる。診断を受けるまでに長い時間がかかったことで、自分の人生の貴重な時間を無駄にしてしまった、と腹が立ったりもした。こういった感情的な反応はごくふつうのこと。怒りの感情が湧いてきたら、それもありのままに受けいれよう。だって、腹が立って当然なんだから。

診断について周囲に話す

ADHDの診断を受けたとき、友だちや家族にそのことを話したくなるのはごく当然のこと。でも、誰にも話したくないと思う人もいるかもしれない。まわりの人と情報を分かちあいたいと思ったときに、気をつけたほうがいいことをまとめてみた。

ゆっくりと時間をかけよう

自分がADHDかもしれないと疑っていたことや、ADHDと診断されたいきさつについて、身近な人たちに話したいと思うのは、自然なことだと思う。でも、ゆっくりと時間をかけて、自分のこれまでの生き方を大切にすることを忘れないで。その一方で、この新しい情報を、しばらくのあいだは誰にも話したくないと思う人もいるかもしれない。ADHDの診断はとても個人的な情報なのだから、もちろん慎重に行動することを選ぶことだってできる。

- 人に診断について話す前に、診断にまつわる自分の感情を書き出しておくと、感情の処理に役立つことがあるかも。
- 気になることがあったら、医療のプロに話してみよう。友だちや家族に診断のことを話す前に、プロと話すことで心の準備ができるかも。

たくさん学ぼう

　ADHDという状態は、なかなかにめんどくさい。だから、いろんなことを深く知っておけば、それだけ人にわかってもらえるように説明もしやすくなる。ADHDと診断されたとしても、その診断をしてくれた医療の専門家がADHDについてあまり詳しく教えてくれるとは限らない。私が診断されたときも、それほど詳しい説明はしてもらえなかった。だけど、診断されたあと自分でADHDについていろんなことを学んでいけば、すごく大事なことができるようになる——そう、自分のことがすごくよくわかるようになるのだ！

- ADHDの人たちが集まるオンライン・フォーラムに参加してみよう。自分の経験をほかの人たちと共有できるし、自分の行動がADHDとどんなふうにつながっているのか理解するきっかけにもなる。
- 関連する本を読んでみたり（たとえばこの本とかね！）、ポッドキャストを聴いてみたりするのも、自分の脳の複雑さを学ぶ最高の方法。
- ADHDについて詳しく知れば、友だちや家族に自分の症状のことをもっと上手に説明できるようになる。そうすれば、自分との付きあい方も理解してもらいやすくなるはず。

ADHDと診断されたら？

否定的な反応にあったら

ADHDなんてものは
存在しない

ADHDの診断を受けたと話すと、否定的な反応を返してくる人がときどきいたりする。そういうときは運が悪かったと思うしかないけど、中にはちゃんと話を聞いてもらえるまでに少し時間がかかってしまう人もいるのだ。考えようによっては、その人たちにADHDの本当の姿について知ってもらい、認識をあらためてもらう絶好のチャンスだと言えるかもしれない。でも、世の中にはあなたが経験していることを理解できない（または理解しようとしない）人もいるということを覚えておこう。

- 年配の人のほうが、ADHDのことを理解しづらいかもしれない。心の健康について大っぴらに話すことが、気軽にできなかった世代の人たちもいる。だから、おじいちゃんおばあちゃん世代の家族にADHDのことを話すときには、びっくりするようなことを言われるかもしれないと覚悟しておくこと（実際、私もけっこうとんでもないことを言われた！）。
- ADHDと診断されたと話したのに、否定的な反応が返ってきたときは、そこであえて相手と戦わなくていい、ということも覚えておこう。自分の意見を無理に主張したくなければ、しなくていい。もちろん、自分の診断のことをみんなに知ってもらって、ADHDに対する認知度を上げることができたらすばらしい。でも、自分には反対意見と戦える自信がないと思うなら、それはそれでぜんぜんOK。人の意見を聞こうとしない人の心を変えようとしたって、エネルギーを無駄遣いするだけだよ。

支援してくれる人を探す

認知行動療法や投薬治療で
ADHDの症状とうまく
付きあっていけるかも

　ADHDの診断を受けることは、あなたがこれから始める旅の第一歩。あなたはいま、自分に関する新しい情報を手にいれたところ。さあ、それを活用して、これからの人生をもっと楽しく生きていくためのアイデアやヒントを見つけていこう。

自分に向いた治療方法を見つけよう

　ADHDは「治すことができる病気」じゃない。でも、ADHDの症状が日常生活にもたらす否定的な影響を減らしていく方法は、いろいろとある。認知行動療法（CBT）のような治療法は、衝動的な行動を減らしたり、感情的な不安定さを改善したりするのに役立つし、投薬治療も試してみる価値は十分ある。精神医療の専門家とよく話しあって、自分にいちばん向いている治療方法を見つけよう。

ADHDに
投薬治療をする？
しない？

　ADHDに投薬治療をするべきかどうかは、ほんとうにその人によって違ってくる。副作用（たとえば食欲がなくなる、眠れなくなる、頭痛がするなど）がひどくて耐えられないという人もいれば、投薬治療が劇的に効く人もいる。どちらを選ぶにせよ、決めるのはあくまであなた。それを忘れないで。私の知りあいには、薬なんてぜんぜん必要ないという人もいるし、投薬治療を受けながら元気に暮らしている人もいる。それぞれの選んだ道を、お互いに尊重していけるといいよね。

コミュニティに参加する

ADHDをもつ人たちのコミュニティーを見つけて
ひとりぼっちの寂しさから脱けだそう

　最近ADHDと診断されたばかりなら、オンラインのコミュニティを探してみよう。友だちや家族にADHDと診断されたことを話すのがちょっと不安と感じたときに、そういったコミュニティーは支えになってくれる。日常生活で困っていることに対して、これまで考えたことのなかった新しい解決策を見つけることができるかもしれない。それより何より、確かにADHDは人それぞれ症状が違うんだけど、それでもたくさんの人の悩みや経験に共感できる部分があることに気づけるのって大きい。そのうち、新しい友だちだってできるかもしれないしね！

解決策を提案しよう

　あなたが学生でも社会人でも、たぶん日々の暮らしや仕事（勉強）のできぐあいにADHDは大きな影響を及ぼしていると思う。つらいと感じていることがあるなら、思いきってまわりに解決策を提案してみよう。あなたが周囲の人に助けてもらって、より仕事（勉強）にとりくみやすい環境をつくっていくのに、大げさなことを頼む必要はぜんぜんない。周囲の人に頼めるような解決策をまとめてみると、こんな感じ。

チームをつくって支えてもらおう

・同僚と定期的にミーティングをして信頼度を高める
・メッセージに絵文字を使って、感情を伝えたり誤解を避けたりする
・解決策がうまくいっているかどうかを定期的にチェックする機会をつくる

過ごしやすい環境で働こう

・スタンディング・デスクを使う
・静かな部屋で仕事する
・ホワイトボードを使って伝えたいことを可視化する

効率的にコミュニケーションしよう

・会議ではメモをとるかわりに録音する
・余計なこと（Eメールやメッセージなど）に邪魔されず集中できる時間をつくる
・口頭で指示を伝える代わりに、書いて伝える

正式にADHDと診断されれば、あなたがADHDかどうかを確かめるための旅はいったん終わる（そこまでにもたぶん、相当時間がかかっていると思う）。だけど、それは新しい旅の始まりでもある。これから始まる旅が楽に行きそうでも、または大変そうに見えても、旅を続けていくうちに、ここで得た情報はあなたが自分自身をよりよく理解し、自分の求めることを周囲にわかってもらうために、ものすごく役にたってくれると思う。CHAPTER 4では、自分の経験したことを説明したりシェアしたりしたいと思ったときに、どんな言葉や表現を使えばいいか、詳しく説明するよ。ここでも、覚えておいて欲しいことがいくつかある。

ADHDと診断されたあとに、
強い感情が湧いてきて
混乱するのは、ごくふつうの反応。

自分がADHDと診断されたと
周囲の人に伝えてもいいし、
黙っておいてもかまわない。どっちにしても、決めるのはあなた。

ADHDと診断されたら、
サポートしてくれる人を探す
方法はたくさんある。

CHAPTER 4
ADHD用語集

ADHD GLOSSARY

分析まひ

　ADHDの人は、さっと決断を下すことができにくい傾向がある。なぜかというと、決断を下すというのは、たとえそれがどんなに小さな決断（たとえば夕食に何を食べるか、みたいな）であっても、それぞれに異なるスキルを必要とする、とても複雑な行為だから。決断を下すためには、いろんな選択肢を考え、記憶し、比較検討しなくちゃならない。そこに時間的な制約が加わったら、ADHDの人は身動きが取れなくなって、「ああ、もう決めるなんて無理！」という状態になりそうなことは、簡単に想像がつくと思う。だから、夕食のときにピーナッツバターをなめ始めて、ひと瓶全部食べつくすまで止められない、という事態が起こったりするわけ。

不安

　ADHCをもつ大人のうち不安に苦しむ人の数は、ADHDじゃない大人に比べて2.5倍にもなる。ADHDの症状と、一般的な不安症の症状（落ち着きがない、集中できない、不安にとらわれて脱けだせない、など）は、精神医療の専門家にさえ混同されてしまうことがある。不安症だからつねに心配でたまらないのか、それとも不安にとらわれてしまうのはADHDのせいなのか？　少しでも疑問をもったら、自分はADHDをもっているとはっきり言ったうえで、不安症状の評価をしてもらうといい。

ADHD用語集

燃え尽き

ＡＤＨＤの人は「怠けてる」と思われるのがこわくて
なかなか休めないことがある

　ADHDの人は、燃え尽きてしまうことがよくある。仕事を無理にがんばりすぎたり、自分がもう限界だってことに気づかれないために、友だちや家族に仮面をかぶって見せたりする。ADHDの症状とうまくつきあっていくのは、けっこう大変。だから疲れ果ててしまったり、燃え尽きてしまったりすることもある。私は29歳のとき、何度目かの燃え尽きを経験して、自分はなんだかふつうと違うと気づき、それが結局ADHDの診断を受けることにつながった。

過剰補償（先回りしすぎ）

　ADHDをもって暮らしていると、その症状の埋めあわせをするような習慣や特別なワザを身につけてしまいがち。たとえば、ADHDの人は時間の管理が苦手な場合が多く、友だちとの待ちあわせや仕事の会合に遅れてしまうことがよくある。それを避けるため、つねにやたらと早めに行動する習慣をつけてしまう人がいる。こういう「過剰補償」を続けることで、あらたな問題が発生する。自分のADHDからくる特性が問題を引きおこす可能性をつねに先回りして心配し、すぐに不安を覚えるようになってしまうのだ（たとえばメールを送る前に、少なくとも10回は読みなおさないと心配で送れない、とか）。

ADHD用語集

感情調節異常

感情調節異常とは、何かに反応するときに、一般に受けいれられるレベルを超えて感情があふれだしてしまう状態のこと。これは正式なADHDの診断基準には含まれないけど、ADHDの人にはよくあるのに見過ごされている症状の一つだと考える人も多い。

いったん怒りを感じると、それがなかなか収まらないことがあったりする？ 何かの話題に夢中になって語りはじめると、止まらなくなっちゃう？ ほかの人にくらべて、悲しい気持ちになりやすい気がする？ 大丈夫、それはあなただけじゃない。

自分が感情調節異常だと気づかないままだと、「なんであんな行動をとっちゃったんだろう？」とか、「なんで私って、いつもやりすぎちゃうのかな？」と、くよくよ悩んでしまうことになる。

ほかの人

わくわく

しょんぼり

ムカムカ

私

ＡＤＨＤはこんなふうに実行機能に影響を与える

衝動性を
コントロールできない

仕事の始め方がわからない

どう始めたら
いいのか
わかんない……

記憶をキープできない

何を探して
たんだっけ？

集中力を保てない

しっかりしてよ
私の脳！

努力を続けられない

これもう
やりたくないな……

感情を抑えられない

今日はいちいち
腹が立つ！

ＡＤＨＤ用語集

実行機能

　実行機能とは、行動する前にちょっと考えたり、物事のなりゆきを想像したり、誘惑に打ち勝って集中を続けたりする能力のこと。ADHDはそういった実行機能に影響を与える。だからこそ私たちは、電話番号がなかなか覚えられなかったり、注意力散漫だったり、人がしゃべっている最中に割りこんだりしてしまうのだ。この実行機能障害のせいで、ADHDの人は、仕事でも私生活でもいろいろまずい事態に追いこまれたりする。でも、記憶力ゲームや音楽を使った方法をとりいれることで、面倒を回避できるかも。

ハイパーフォーカス
（集中しすぎ）

　ハイパーフォーカスとは、何かにものすごく集中した状態をあらわす言葉。そういうときには、まるで大きなシャボン玉に包まれているみたい。時間の感覚がなくなり、まわりの人のことも忘れてしまうし、食欲やのどの渇き、入浴といった生活に必要な基本的な欲求にも気が回らなくなる。当然、ハイパーフォーカス状態から抜けでたときには、たいてい疲れ切っておなかはペコペコ、気分は最悪って感じになっている！

メルトダウン（パニック状態）

　ADHDの人は、メルトダウン（パニック状態）を起こしやすい。不満や怒り、精神的ストレスといった感情を、自分でうまく制御できないからだ。感覚に過剰な負担がかかったときにも、そういった極端な感情的反応をしてしまうことがある。大人になってからの私はずっと、メルトダウンを起こしてしまう自分を恥ずかしく思ってきた。でもいまは、メルトダウンが起きるきっかけや、起きそうな兆候がわかるようになった。だからそういうときには、ちょっとひと休みして、気持ちを落ちつけるようにしている。

マスキング（カモフラージュ）

　マスキングとは、自分を「ふつう」に見せるために、自分本来の特性を隠そうとすること。ADHD特有の行動を隠そうとするかどうかは、人によって大きく違う。中には（意識的にせよ無意識的にせよ）隠すことがすごくうまくて、ほかの症状と誤診されたり、ADHDと診断されないまま暮らしたりしている人もいる。だから、ADHDの診断を受けるときには、自分が周囲に適応しようと努力していることや、自分の行動をカモフラージュしていることを、診断を下す専門家に正直に伝えるのがすごく重要になってくる。

気分のムラ

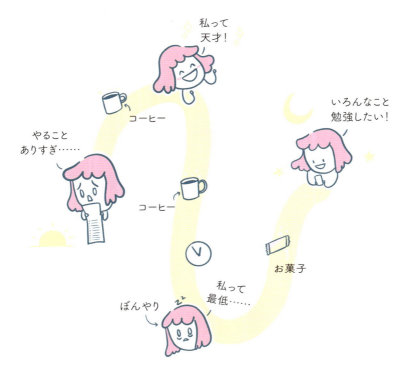

　ADHDの人は感情調節異常を起こしやすいので、1日のうちに気分が激しく上下することが多い。衝動性と相まって、感情をうまく調節できない私たちは、1日の中でさまざまな気分を経験することになる。朝、目が覚めたときには「今日のやることリスト」をどう片づけようか不安でいっぱいだけど、友だちと新しい計画について話しはじめたら熱狂的にしゃべりまくる。こういった感情の変化につきあっていくのは、ものすごく大変。だから、まだ1日が半分しか終わってないのに、急にヘトヘトな気分になってしまったりするのだ！

オーバーシェアリング
(プライバシーを公開しすぎる)

ADHDの人には、衝動性があるせいで、言おうと思っていた以上の秘密をついしゃべってしまう、ということがよくある。もちろん、あなた自身がそうしたいと思うなら、個人的な話をしたってかまわないんだけど、あまりにプライバシーを公開しすぎると、あとから後悔する場合もある。自分の衝動性を抑えられないことで、社会的に恥ずかしい思いをする立場に置かれてしまうかもしれない。自分の飼っている猫のあだ名の話を15分もしつづけて、上司をうんざりさせていたと気づいたときなんか、何ともいえない気分になる!

RSD
(拒絶感受性ディスフォリア)

RSD(拒絶感受性ディスフォリア)とはADHDの人たちのあいだでよく使われる言葉で、人から拒絶されることを過度に恐れる状態をあらわす。ADHDの人には、このRSDに苦しむ人も少なくない。RSDをもつ人の説明によると、人から拒絶されたり批判されたりしたとき、耐えがたい痛みを感じるという。医学的な診断名ではないけど、精神医療の専門家の中には、この症状がADHDの人の感情調節異常を説明するカギになると考える人もいる。

ADHD税
（ADHDが原因の出費）

あちゃー
この有機栽培の
サクランボ
高かったのに……

　ADHDの人は、日々いろんな失敗をやらかしてしまう。そういった失敗のせいで、余計な出費を強いられることもある。そういう出費のことを、ADHDコミュニティーの人たちは「ADHD税」と呼んでいる。たとえば、食べ物を冷蔵庫に入れっぱなしにして腐らせてしまったり、図書館に本を返すのを忘れていたせいで罰金を課せられたり、借りた服や物を時間通りに戻せなくて延滞料金をとられたり。私がやらかした最悪のADHD税は何かというと……別の街に引っ越して何年もたってから、前の街で通っていたジムのメンバー料金を払いつづけていたのに気づいたこと！

タイムブラインドネス
（時間を把握できない）

あと15分で
お客さんが来るよ

タイミング
バッチリ！

まだ解凍できていない

　タイムブラインドネスとはADHDコミュニティーでよく使われる表現で、時間を把握する能力が欠けていることをいう。ADHDをもつ人からは、時間管理がうまくできなくて苦労しているという話をよくきく。ADHDの人に見えている「時間の地平線」（つまり、未来に起こるできごとにそなえて確保しておく時間のこと）は、一般の人とくらべて短すぎる場合が多いのだ。おまけに、ハイパーフォーカスのせいで「興味のシャボン玉」につかまってしまい、時間の感覚をなくしやすい。たとえば、すごく面白そうな記事やビデオを見つけてつい夢中になり、仕事に遅れてしまう、なんてことがしょっちゅう起こる。

次の予定が気になって何もできない

ウェイティングモード

　ADHDの人は、先の予定が気になって何も手につかなくなることがよくある。たとえば、午後3時に人と会う約束をしたとすると、その日は朝からそのことしか考えられず、ほかのことにまったく集中できなくなってしまうのだ。

ADHD用語集

ワーキングメモリー
（作業記憶）

あなたは46番です。2、3分でお呼びしますね

2、3秒後

えっと何番だっけ?!

　ワーキングメモリーとは、脳が一時的に情報を保持するのを助ける認知能力のこと。たとえば、会話の中で話題にしたいこととか、車をとめた場所とかを記憶しておく能力のことをいう。ADHDをもつ人は、ADHD特有の症状のせいで、ワーキングメモリーがうまくはたらかない場合が多い。何かにしっかり注意を向けて、情報を記憶しておきたいのに、脳がいうことをきいてくれないのは、かなりストレスがたまる状態だといっていい。

ゾーンアウト
（ぼんやり）

　ゾーンアウトとは、会話の最中に、自分のまわりで起きていることに意識を向けていられない状態になること。たぶん、誰でも経験することだと思う。でもADHDの人は、それが1日のうちに何度も起こってしまう。いましゃべっている相手に向かって、ごめん、さっきから2分ぐらい話ぜんぜん聞いてなかった、と説明するのは、ちょっと気まずいよね。

CHAPTER 4 では、ADHD コミュニティーの人たちが自分の症状を説明するのに使う基本的なことばを挙げてみた。ADHD をもつ人がふだんどんなことを考えながら生活しているか、きちんと説明して理解してもらうためには、こういったことばを正しく知ってもらうことがものすごく重要なのだ。

　次の PART 2 では、ADHD をもつ私の 1 日を、みんなに実際に体験してもらおうと思う。私たちの脳の特性が、日常生活のあらゆる場面に影響を及ぼしていることに、きっと気づいてもらえるはず。あと、このことを覚えておいてね。

ここで説明したようなことばが
存在しているということは、
そういう経験をしているのが
あなただけじゃない、という
確かな証拠。

ここに挙げた用語集は、まだまだ未完成。
ADHD コミュニティーは、
私たちが直面する事態を
説明するのにピッタリな新しいことばを、
つねに考えだそうとしている。

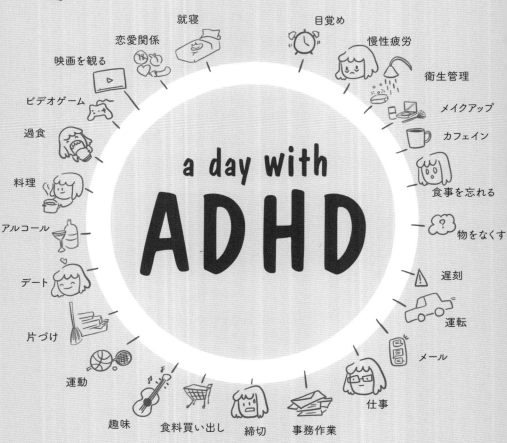

ADHDの1日

A DAY WITH ADHD

　ADHDとともに生きるって、どんな感じ？　ADHDの診断を受ける前も、そして受けたあとも、その質問を繰りかえし自分に問いかけてきた。理屈ではわかっていた。でも、ADHDが現実に私の日常生活にどんな影響を与えているのか、具体的な例を知りたいと思ったのだ。目覚めた瞬間から、（なかなか寝つけなくて悶々としながら）眠りに落ちる瞬間まで、ADHDの症状は私たちの1日にさまざまな影響を及ぼしている。だからまず、ADHDが私たちにもたらしている影響をきちんと理解するところから始めよう。そしてそこから、心の平和を手にいれるための解決策を見つけだそう。

目覚め

朝ベッドからなかなか出られないのは
誰にでもある経験
でもADHDの人にとっては
その起きづらさが半端じゃない

MY EXPERIENCE

私の経験

　ほぼ毎朝、ベッドから出るのはものすごく大変。どんなにがんばっても、ぬくぬくのベッドから出るのに何時間もかかってしまう。そもそもなかなか寝つけないので（このことについては、またあとでとりあげる）、しっかり目が覚めるまでに少々時間がかかる。でも問題は、そこからだ。目覚ましにはスマホを使うんだけど、スマホを手にしたら最後、そこから果てしない脱線が始まってしまうのだ。だから、たとえ奇跡的にアラーム通りに目が覚めたとしても、結局は遅刻……という結果になる！

ＡＤＨＤの人は夜ふかししがち……

ＡＤＨＤの人はなかなか寝つけない……

やらなきゃならないことが気になって仕方がない……

ＡＤＨＤの人は気が散りやすい……

そしていつのまにか遅れそうな時間に！

MY ADVICE

私からのアドバイス

ベッドから出るのに何かきっかけが必要なときは、元気が出るアップテンポな音楽をかけるといい。
これ、けっこう効くよ。

次の日に大事な約束があるときは、スマホをベッドから触れない遠くの場所に置く。そうすれば、朝にスマホを何時間も見てしまう誘惑を遠ざけられるよ。

ADHDの1日　79

慢性疲労

ADHDの人はいつもエネルギーにあふれていて
元気だと思っている人は多い

MY EXPERIENCE

私の経験

　ADHDの多動症状は、ときにカン違いされやすい。たしかに私には多動傾向がある（少なくとも精神的な意味ではね！）。けど、つねにひどい疲労感も感じている。自分の症状と、それがもたらす結果にうまく対処していくのは、実際ものすごく消耗する。いつもいろんなことを記憶にとどめ、やばい失敗をしないよう努力しつづけていると、それだけでいっぱいいっぱい。自分のやりたいことを楽しむエネルギーなんて、ほとんど残らない。

ADHDの人の多くは
実際いつも疲れてるって知ってた?

この疲れの原因は……

……またはADHDの人に
よくある寝つきの悪さのせいかも……

ADHDの1日　81

……または**感覚過負荷**のせいかも

……または**ADHDの人によくある
ほかの症状**のせいかも……

もしあなたがADHDで
**つねに疲れているのなら
ほかにもいろんな理由が
あるかも**……

とにかく、解決策を見つける一番の方法は
医療の専門家に話してみること

MY ADVICE
私からのアドバイス

私はいつも「休む」ことをすごく真剣にとらえている。ADHDの人は、ついつい肩の力を抜いてリラックスすることを忘れてしまいがち。マインドフルネスや瞑想は、かっこいいけどちょっとハードルが高い。でも、お風呂に入るとか静かな音楽を聴くといったリラックス法なら、気軽に楽しめるよね。

いつもヘトヘトに疲れきっているのは、ふつうの状態とはとても言えない。こんなにいつも疲れているのはおかしい、と感じたら、お医者さんに相談しよう。私自身も一度、そういう状態になった経験がある。幸い、私は自分がそんな状態なのはおかしいと気づくことができた。自分の抱えている問題に対する適切な対処法をお医者さんと考えることができて、ほんとうによかったと思っている。

衛生管理

ADHDの人は衛生管理に悩んでいる場合が
多いって知ってた？

MY EXPERIENCE
私の経験

　ADHDの診断を受ける前、私がずっと苦労してきた衛生管理に関わる悩みがじつはADHDのせいだなんて、まったく考えたこともなかった。こういう悩みは、人には言いだしづらく、あまり話題になることもない。だけど、これまでの人生、衛生的にだらしない自分をずっと恥ずかしく思ってきた。たとえば、しょっちゅう歯を磨くのを忘れるし、前の日に洗った服を干し忘れ、清潔な着替えが1枚もない……なんて状態の日が何日も続いてしまうのだ。

衛生管理をきちんとできないのはADHDのせいだった……

忘れっぽい

感覚過敏

準備や用意が苦手

状況認識ができない

いつ**髪を洗えば**いいのか**判断できない**……

しまった、今朝髪を洗っておけばよかった！

……着ている**服が汚れている**のに**気づかない**……

それってマスタード？

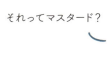

ADHDの1日 85

感覚過敏のせいで
シャワーを浴びるのもひと苦労……

……歯を磨くのを忘れたりする

MY ADVICE

私からのアドバイス

私は毎朝、目が覚めると薬を飲み、歯を磨くという一連の手順を順番にこなす習慣をつけて、やり忘れを防いでいる。この習慣づけのコツについては、PART 3で詳しく説明する。

髪を洗うのが大嫌いな私は、ついついサボりがちになる。対処法として、いつでもドライ・シャンプーが使えるよう常備してある。

洗濯機のボタンを押すと同時に、スマホにアラームをセットする。そうしないと、洗濯していたことをすっかり忘れて、次に使おうと洗濯機を開けたら濡れた洗濯物がそのまま……という事態を繰り返してしまうから!

ADHDの1日 87

メイクアップ

ADHDは私たちの生活のありとあらゆる面に**影響を及ぼす**。
なんと**メイクアップ**の仕方にも、大きな影響を与えている。

たとえば、**約束の時間にめちゃくちゃ遅れてる**のに、
まだまだ余裕と思いこんで、**フルメイク**にとりかかったりする。

MY EXPERIENCE
私の経験

　日によってメイクアップ大好きモードに入って、(とっくに約束の時間を過ぎてるのに)しっかりフルメイクに時間をかけることもあれば、次の日にはリップバームを塗っただけで満足、ってこともある。まあたいていは、きちんとメイクをしてるようなヒマはなくて、大慌てで適当に何か塗りたくって、5分でメイクはおしまいって感じだ。

いろんなメイクアップ指南ビデオに何時間も釘づけ……

実際にやってみるとぜんぜんうまくいかない……

すぐ顔にさわったりこすったりするから
せっかくのメイクが台なしになる……

私のメイクには
両極端の2つのモードしかない……

「メイク命！」　　　　　　　　「歯もろくに磨いてない」

MY ADVICE

私からのアドバイス

化粧品は、私が衝動買いしてしまいがちなもののひとつ。でもなるべく買わないようにするんじゃなくて、毎月妥当な額の予算をたてて、その予算内で化粧品を買うようにしている。そうすれば、あんまり欲求不満に悩まされずに済む。

メイクはバッチリできたけど大遅刻、なんてことにならないように、私はふだんの「軽い」メイクアップにかかる時間を、あらかじめ測ってある。そうすれば、出かける前の準備にどれくらいの時間が必要か、把握しておけるから。

ADHDの1日

カフェイン

コーヒーがADHDの人に与える
影響は人によって違うって知ってた？

MY EXPERIENCE

私の経験

　私とコーヒーの関係は、ちょっと複雑。カフェインはいろんな仕事を片づける手助けをしてくれるし、やることリストの中でいちばんやりたくない項目に手をつける勇気を与えてくれる。だけどあんまり飲みすぎると、精神的な多動傾向に拍車がかかり、不安な気持ちがパンパンにふくれあがってしまう。それでも、長年コーヒーやお茶を自分をふるいたたせる刺激剤として使ってきたから、いまさらカフェインなしで過ごすなんて考えられない。

ADHDの人の中には、多動傾向が強まるのを
おそれてまったくコーヒーを飲まない人もいる……

ADHDじゃない人には、
コーヒーのもたらす効果は正反対で、
リラックスできる……

自分がADHDだと気づいていない大人には
集中を保つためコーヒーに依存する人が多い

中には、
コーヒーがないと何も手につかないという人も……

……その結果、とんでもない量のコーヒーを
飲むようになってしまうのだ

MY ADVICE

私からのアドバイス

カフェイン摂取量を少なくしたら、睡眠の質と精神状態が劇的によくなった。それが、カフェインを減らしていこうと決意する大きなきっかけになった。1日1杯減らすだけ、昼食後のコーヒーをカフェインレスにするだけでも、すごく効果があるよ!

今日はあんまりコーヒー飲まないほうがいいかも、という気分のときは、ハーブティーやココアのようなカフェイン少なめの飲み物に変えて、カフェインはダークチョコレートやカカオニブで補ったりしている。

食事を忘れる

ADHDの人にとって、
食事を忘れてしまうのはよくあること

MY EXPERIENCE
私の経験

　私はしょっちゅう食べるのを忘れてしまう。好きなことに集中しすぎるあまり、時間の感覚を失って、ふと気がつくとお腹がギュルギュルいってる、なんてことも（でもって、そういう事態が発生するときにかぎって、会議の最中だったりする！）。ときには、1日のスケジュールの立て方がめちゃくちゃで、食べる時間が全然取れないこともある。問題なのは、食べるのを忘れると、ADHDの症状の一つである「ボーッとした状態」がひどくなること。だから最近は、1日最低2回はちゃんと食べる時間をとる、と決めている。

ADHDだと、好きなことに熱中しすぎるあまり、
ほかのことは全部忘れてしまいがち

スケジュール管理が苦手なので
規則正しく食べる習慣を守るのも難しい……

**時間の把握もちゃんとできないので
一般的な食事の時間を認識するのも難しい**

**それにADHDの薬を飲んでいると
食欲がなくなりがち……**

MY ADVICE

私からのアドバイス

ふつうの人には変に思えるかもしれないけど、私はスマホにリマインダーをかけて、「食事を忘れちゃダメだよ」と自分に合図を送るようにしてる。

食事の時間！

気がついたら食べるのを忘れてた……なんてことにならないように、ときには簡単な食事でもOKと考えることにする。お昼ごはんがチーズ・サンドイッチだけとか、全然インスタ映えはしないけど、とりあえずそれしかつくれないなら、私にとっては充分立派な昼食なんだよね！

私の食習慣ひどすぎ……と自覚したとき、栄養士さんに相談してみた。そしたら、私のニーズに合わせて、かしこい食事プランを一緒に考えてくれた。

食事プラン

ADHDの1日　99

物をなくす

不注意優勢型ADHDの症状の一つに
すぐ物をなくす癖がある……

MY EXPERIENCE

私の経験

　ふだん外出しているときは、つねに身の回りの持ち物にものすごく気を配るようにしているから、めったに物はなくさない。だけど家の中では、しょっちゅう物をどこに置いたか忘れてしまう。毎週、メガネやテレビのリモコン、スマホ、調理器具なんかを探し回って、何時間も費やしている。何も探していないときなんか、ないような気がするくらい。それで、30分も探していたスマホが自分の手の中にあったと気づいた日には、ほんと、情けなくなる！

……だからこそADHDの人の中には
自分の身の回りの持ち物をなくさないよう
異常に気を配る人がいる

待って、スマホちゃんとここに入ってる?

だからといって、そういう人が
家で物をどこに置いたか
忘れない……とは限らない

なんでメガネが
冷蔵庫に入ってんの?

メガネを探して45分

**ADHDの人の中には
毎日家の中でいろんな物を探しつづけている人もいる**

リモコンどこ?

わかんない……
ずっと探してるんだけど……

……でもADHDじゃない人には
なかなかわかってもらえない……

そんなときはめちゃくちゃメンタルやられる……

MY ADVICE

私からのアドバイス

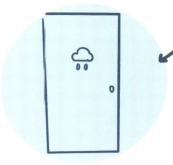

玄関ドアにマグネット式のキーホルダー掛けを設置したら、これが信じられないくらい大正解！　物の置き場をきちんと決めておけば、どこに置いたかわからなくなって探しまわる機会も劇的に少なくなる。

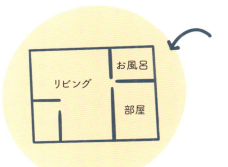

物をどこかに置き忘れる能力については天才的だけど、なくした物を探しだす能力はほぼゼロ。だから物を探すときには、一部屋ずつ徹底的に調べることにしている。

私がしょっちゅう物をなくす癖に悩んでいることを知った友だちが、忘れ物トラッカー（AirTagみたいなの）を買ってくれた。ワイヤレス・イヤホンのケースにつけてみたら、今のところすごくいい仕事をしてくれてる！

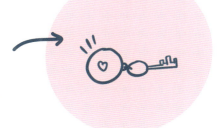

ADHDの1日

遅刻

ADHDの人には
時間を守るのが不得意な人が多い

MY EXPERIENCE
私の経験

　私は時間を守れたためしがない。つねにめちゃくちゃ早く着くか、めちゃくちゃ遅刻するかのどっちか。約束の時間に遅れるのを心配するあまり、到着までにかかる時間を読みあやまって、とんでもなく早く待ちあわせ場所に着いちゃったりするのはしょっちゅう。大遅刻するのはたいてい、何か面白いことに熱中してしまい（たとえばTikTokでかわいいネコちゃん画像を見つけたとか）、約束の時間の5分前になって、あっ約束忘れてた！　と気づくから。

時間の感覚がないのでいつも遅刻してしまう

あと5分でZoom会議が始まります

了解。でもその前に朝ごはん食べてシャワー浴びなきゃ

遅れるのが心配すぎてめちゃくちゃ早く着いちゃう……

ほかのことに夢中になって遅刻することも……

もう30分も待ってんだけど

ごめん、クッキーつくってて……

なんにも考えずに返事しちゃったせいで遅れることも……

約束じたいを忘れたせいで遅刻することも……

MY ADVICE
私からのアドバイス

大事な電話や約束の時間の1、2時間前は、なるべくSNSや見始めたら止まらないテレビ番組には近づかないようにしている。一気見するのにふさわしい機会は、ほかにあるから!

遅れたときには、ちゃんとあやまって、どうして遅れたかを説明する。ただし、説明といっても、「ラーメンの歴史をネットで調べだしたら止まらなくなっちゃって」なんて言わずに、時間の感覚をとらえるのが苦手で……という言い方で。

ADHDの1日 107

運転

ADHDの人は気が散りやすかったり、注意力が保てなかったり、衝動的に反応したりするので運転に影響が出ることがある

MY EXPERIENCE
私の経験

　私にとって運転は、どうしていいかわからなくておろおろしちゃうときもあれば、純粋に楽しくて仕方ないときもある。街なかで運転するときは、標識に気をつけたり、自転車や歩行者に注意したりしなくちゃならないから、すぐに不安な気持ちになる。プラス、一緒に乗っている人やカーナビが話しかけてきたら、もう完全に混乱状態。だけど同時に、衝動癖のある頭の中では、こう思っているんだ……誰もいない高速道路を（あくまで安全な範囲で）ぶっとばすのって、この世でサイコーに気持ちいい瞬間！　って。

……交通標識をつい見落としてしまうことがある

……とくに長時間運転するときは
注意力散漫になりがち……

……感情をコントロールしようと
するとかえってムカついて
危険運転につながることも……

……同乗者に話しかけられると運転に
集中できなくなることがある

ADHDの人は
違反切符を切られる
可能性も高い

……もちろん
事故にあうリスクも

MY ADVICE

私からのアドバイス

運転するときは、極力気が散る原因を排除するようにしている。電話、食べ物、その他運転から気をそらす可能性のあるものは、とにかく近くに置かない。

ADHDの診断を受けてから、同乗者には「運転に集中したいから、なるべく話しかけないでね」と正直に言うことにしている。

運転するのが不安になったとき、セラピストに相談してみた。そこで提案された認知行動療法（CBT）のおかげで、すごく自信をもって運転ができるようになった。

メール

ADHDの人はメールで他の人と連絡をとる際に
いろんなトラブルに遭遇するおそれがある……

MY EXPERIENCE

私の経験

　人とのコミュニケーションは、私にとってすごく難しい高等技術。とくにメールでのコミュニケーションには、本当に気をつかう。メールを受けとったら、返事はなるべく早く返すようにしている。そうしないと、すぐにメールをもらったことじたいを忘れちゃうから（そう、いくらスマホのメールアプリに真っ赤な着信マークがついていてもね）！

ADHDの人はメールの返信をうっかり忘れたまま、
何週間も放っておいたりする

そっけない返事に
冷たくされたと感じたり……

返事を忘れちゃうのがこわくて
ほかのことをしている最中なのに
あせって返信したりする……

話の内容に夢中になって
むやみに長いメールを返しちゃったり……

次々頭に浮かんでくる考えを伝えようと、
超短いメールを山のように送りつけることも

MY ADVICE

私からのアドバイス

返事を返すのを忘れていたときは、正直に言うことにしている。診断を受けてから、私は自分ができなくて苦しんでいることを、まわりの人に説明しようと心がけてきた。そうして正直に本当のことを話すと、みんなびっくりするくらい広い心で受け止めてくれる。

「ごめん、忘れてた」

メールにすぐに返信できないときは、とりあえず「受けとりました。あとからできるだけ早くお返事します」みたいな確認メールを送って、忘れないようにリマインダーをセットしておくのもいい。

返信のし忘れがないよう、毎晩寝る前に2、3分かけて、その日に受けとったメールをチェックする。すぐに返事をする気になれなかったら、「次の日にやること」としてリマインダーをかけておく。

ADHDの1日

仕事

ADHDの症状は生活全般に影響を与えるから、
もちろん**仕事**への影響も大きい

MY EXPERIENCE

私の経験

　これまでいろんな仕事をしてきたけど、どんな仕事のときも何かしらADHDの症状が影響を与えてきた。ホテルのフロント係だったときは、宿泊客に口頭で決まりを伝えるのが怖くて仕方がなかった。指示を与えるのは私なのに、私自身その指示がややこしくてよく把握できていなかったからだ。フリーランスのコピーライターになってからは、いろんなミスをしでかして、クライアントとしょっちゅうもめごとを起こした。

物事をきちんと管理するのってすごく難しい

同じことを繰りかえしているとすぐに飽きちゃう

口頭で指示されると頭が混乱しがち……

でも新しいプロジェクトにはやる気満々で取りかかる

……そして興味をもったことは速攻で学習する！

MY ADVICE
私からのアドバイス

ADHDの診断を受ける前から、私は自分向けの特別な対応を相手にお願いすることがよくあった。そのときは気づいていなかったけど、じつはそれがADHDの症状を補ってくれる対処法だったのだ。たとえば、仕事上の大事な指示については、書面にしてもらうよう頼むことが多い。

フリーランスのコピーライターになり、それからコンテンツ・クリエイターになったのは、私がこれまでにした中で最高の決断だったと思う。ストレスは大きいけど、この仕事なら自分の中に突然湧いてくるやる気やインスピレーションをうまく役立てることができるし、ほかのことをやる時間も充分にとれるから。

ADHDの1日

事務作業

めんどくさい事務作業はたいていの人がきらいだけど、
ADHDの人にとっては**まさに悪夢**でしかない

MY EXPERIENCE
私の経験

　事務作業は大っきらい。ずっと前からそう。封をあけてない封筒がそこらじゅうに放ってあるし、支払いはつねに期限ギリギリ。とはいえ、無視もできないので仕方なく手をつけると、毎回どうすればいいのか意味不明で途方にくれてしまう。事務作業ってほんっと、あまりにもめんどくさすぎる。正式な書類を記入するのに、イライラしてアーッ！って叫んじゃったことも、一度や二度じゃない。

ADHDの人にとって事務作業とは……
封を切ってない封筒の巨大な山が目の前にある感じ……

ネット上の情報管理も
大の苦手……

パスワードが
違います

……請求書の支払いも忘れがち
（お金はちゃんと用意してあっても）

最終通告

事務作業回避の悪循環に陥ると……

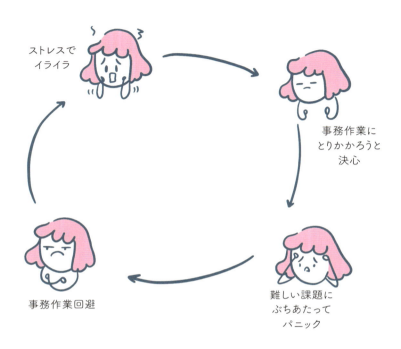

「簡単」なはずの
事務手続きでさえ
どうしていいか
わからなくなる……

簡単よ、ネットで自分のアカウントでログインして67xP01の用紙をダウンロードしたら記入・印刷して、木曜の午後2時から4時のあいだにもってきてくれればいいから

MY ADVICE

私からのアドバイス

何度も延滞料金を払いつづけるのに懲りて、料金支払いは全部自動引き落としにした。手続きに多少時間はかかったけど、毎月「いつ払うんだっけ?」と考えなくていいから、ずいぶん楽になった。

一人でできないと思ったら、迷わず助けを求めるようにしている。税金の払い方を教えてくれたり、賃貸契約の書類記入を手伝ってくれたりする友だちがいると、いろいろとスムーズに事が運ぶようになる。

締切

ADHDの人の脳にとって締切を守るのは
ものすごく大変……

MY EXPERIENCE

私の経験

　私は締切がぜんぜん守れない。締切まで2、3日以上あると、その仕事をこなすための時間は無限にある気がして、大丈夫と思ってしまう。そして当然、締切直前になって、まったく手をつけていないことに気づくのだ。この特性のせいで、仕事に大きな影響が出ることが何度もあった。

**ADHDの人は時間の捉え方が
ふつうの人と違う……**

ADHDの1日

MY ADVICE
私からのアドバイス

私は仕事をいくつかの細かいタスクに分解して、目標を達成しやすいよう工夫している。たとえば、Eメールを書くことが最終的な目的だとする。とにかくまず、とりかかるのが難しいので、とりあえずメールのタイトルを書くことを第一の目標に設定する。そうして書きはじめるハードルを下げることで、締切を守りやすくするというわけ。

締切に向かって一つ一つタスクをこなしていくときには、目で見てわかるようなトラッキングツールをつくる。紙に数字と矢印でタスクの順番を書くだけでもいいし、ホワイトボードに表を書いてもいい。そうやって、自分の進捗状況を見える化することが大事なのだ。

この先やらなきゃいけない仕事が山のようにあってパニクりそうになったときも、タスクを一つずつこなしていくと思えば、とりかかりやすくなる。このテクニックについては、あとから詳しく説明するね。

ADHDの1日 127

食料買い出し

何を買うんだったか覚えておくのがめっちゃ大変
そもそも**買い物リストをつくらない**から

チョコ
ポップコーン

MY EXPERIENCE

私の経験

食料の買い出しは、たぶん日々の雑事の中でADHDの影響がいちばん大きいイベントだと思う。買い物リストがあったとしても、つい目移りして大事なものを買うのを忘れちゃう。かわいい新製品を見ると、たいして必要じゃないのに手をのばしてしまうし、何時間も欲しいものを探して通路を歩きまわったあげく、ふと気がついたらそれが目の前にどーんと置いてあった、なんてことも。

……それか、リストをつくっても、もってくるのを忘れるから

感覚的な入力情報が多すぎて
わけがわからなくなることも……

……買いたいものの候補が2つあると
どっちを買えばいいか決められないし……

……とくに必要じゃないものを
衝動買いしちゃうこともよくある

MY ADVICE

私からのアドバイス

買い物リストをスマホのチェックリストに変えてから、ずっと効率的に食料の買い出しができるようになった。よく買うものはぜんぶスマホのチェックリストに入れておいて、買い物にいくたびにそれを活用するようにする。使うたびにそのリストをアップデートしていけば、どんどん細かいリストの改良バージョンができていくわけ。

食料品の配達サービスは、私にとっては救いの神とも言える、ほんとうにありがたいサービス。前は自分のものを自分で買いに行かないことに罪悪感を覚えていたけど、買い忘れを防ぐこともできるし、必要なものとそうでないものを自宅にいながらきちんと管理できるんだから最高だよ。

ＡＤＨＤの1日

趣味

MY EXPERIENCE

私の経験

　私は次から次へと新しい趣味に夢中になる。YouTubeでカッコいいローラースケートのビデオを目にした瞬間、ネットでローラースケートを注文してしまった。2週間ぐらいは毎日練習したけど、熱が冷めたあとはどこかにしまいこんだまま。子どものころは、趣味が「ぜんぜん続かない」ことにものすごく罪悪感を感じていたけど、それがＡＤＨＤによくある特徴だとわかってから、ずいぶん気が楽になった。

だからADHDの人たちからは
「新しい趣味を始めたよ」という報告をよく耳にするわけ

でも私たちの脳はめちゃくちゃ飽きっぽい……
だからどんなに夢中になった趣味でもすぐに
興味をなくしてしまう

つくりかけの作品

こういった行動はなかなか理解してもらえない

そして理解してもらえないと自分が情けなくなる

でも、この特徴のおかげで
ADHDの人は
いろんな話題について
幅広い知識をもっていることが
多い

MY ADVICE

私からのアドバイス

新しい趣味を見つけたら、いっしょに楽しめる仲間がいるクラブやクラスを探すようにするといい。そうすれば多少責任感が生まれて、簡単に投げださないようになる。

でも趣味に興味をなくして楽しめなくなったら、使っていた用具に売ったり寄付したりする。そうすれば、もう使わなくなった道具がたまっていって、ストレスを感じることもないから。

「私は私、それでいい」

ADHDの1日 135

運動

ADHDの人の脳には運動がいいってよく聞くけど本当？

MY EXPERIENCE
私の経験

　私にとって運動は、超楽しいと思えるときもあれば、拷問としか思えないときもある。バドミントンのような好きなスポーツをするのは、すっごく楽しくて、エネルギー全開って感じになれる。だけど、つまらないルーティーンとしか思えないこと（たとえばジョギングとか）を繰りかえすのは、私にはほぼ無理だ。

……たしかに**運動**は**私たちの脳内の化学物質**に**いい**影響を与えてくれることもある……

……そういった**化学物質**は、**ADHD脳のはたらき**を**普通の人**と違うものにしている原因の一つだと考える**専門家**もいる

……でも、ADHDの人には**運動を続けるのがすごく大変**な場合もある

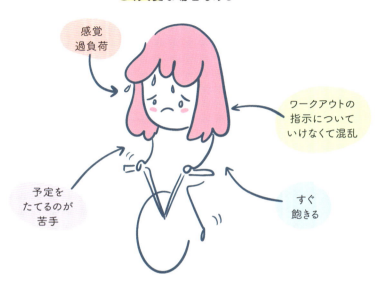

続けるコツは、自分が心から**楽しめる**運動を見つけること

MY ADVICE

私からのアドバイス

いまでは、あくまで楽しく運動するために、運動の種類をどんどん変えてもいいんだ、と考えるようにしている。もちろん、一つのことを長く続けられないと、柔術で黒帯はもらえないかもしれないけど、少なくともいろんな種類のスポーツを試してみることはできるよね！

運動に関しては、楽しいと思えなくなったら、無理に続けようとしない。それより何か別の楽しいと思えることをしたほうがずっといい（たとえば、そのときお気に入りの曲に合わせて踊るとか）し、たとえやり方を忘れちゃったとしても、運動したことには違いないんだからそれでよしとしよう。

片づけ

ADHDの人は概して片づけがあまり得意じゃない

MY EXPERIENCE

私の経験

　自分のまわりを片づけておくことが、私にはかなり難しい。ちょっと気をゆるめただけで、家の中はあっというまにカオス状態になる。だから、あちこちに散らかしたものは、いつでも気がついたときに元の場所に戻すようにしている。とはいえ、疲れたときとか、やる気が出ないとき（しょっちゅうだけど）は、散らかっているものがありすぎてパニックになってしまう。

ADHDの人の部屋は、放っておくとあっというまに
カオス状態になる
なんとかしたいと思ってはいるんだけど

ADHD脳の人は、**片づけ**と聞いただけで
パニックを起こしちゃう
物事に優先順位をつけるのが苦手なのだ

片づけにとりかかっても
すぐに気が散ってしまいがち……

でも部屋の中がカオスなままだと
ＡＤＨＤが原因のトラブルが
悪化する場合も……

MY ADVICE
私からのアドバイス

いろんな物を買いこみすぎて、家の中に物をあふれさせないこと！これに気をつけるようになってから、自分のまわりの環境をきちんと管理できるようになった。

少なくとも1日10分は家の片づけをする、と決めている。

私はけっこう人を自分の家に呼ぶようにしている。お客さんが来るとわかっていれば、家をきれいに片づけておこう、という意欲が湧くから。

うち来ない？

ADHDの1日 143

デート

ADHDは私たちの社会生活のいろんな面に影響を及ぼす。
もちろんデートもその一つ……

MY EXPERIENCE

私の経験

　デートは私にとって、ほんとうに神経がすり減る経験だ。まあ、誰にとってもそうかもしれないけど、私のADHD脳には、ストレスのレベルが段違いに高い。そしてストレスのかかった状態だと、会話の途中でぼんやりするとか、話を途中でさえぎるといったADHD特有の症状が、いっそうコントロール不能になる。デートの最中にはいつも、いろんなことを「感じすぎてしまう」か、「何も感じなくて退屈しちゃう」か、どっちかなのだ。

……たとえどんなに好きな人といても、会話の最中に
ぼんやりしてしまうのはADHD脳のせい……

……大事なときにもいろんなこと
で**気が散る**し……

きみに大事な
話があるんだ……

……すぐ**誰か**のことを
好きになってしまう……

ADHDの1日 145

……好きになると、ほかのことを
なんにも考えられなくなる

……そんなに熱を上げた相手なのに、
醒めるのも一瞬……

MY ADVICE

私からのアドバイス

ＡＤＨＤがあってもすごくいい関係を築いている人たちを見ると、とても勇気づけられる。そういう人たちは、ＡＤＨＤと生きていると大変なことがいっぱいあるけど、ちゃんと恋愛することだってできる、と証明してくれるのだ。

ＡＤＨＤの人は一般的に自己肯定感が低い。それもデートがうまくいかない理由の一つ。私の場合、デートでうまくやろうとあせる前に、まずセラピーなどに通って自分を認める気持ちを高めることで、自信をもって前に進めるようになった。

デートで嫌な思いをして落ちこんだときには、ネットでほかのＡＤＨＤの人たちと話をしたら、「悩んでるのは私だけじゃないんだ」と思えてすごく楽になった。

ＡＤＨＤの１日

アルコール

ADHDの人は、アルコールと
うまくつきあえない場合が多い……

MY EXPERIENCE
私の経験

　私は人見知りで人づきあいが苦手なので、以前は友だちと会うときや初めての人と会うときには、お酒に頼ってしまうことが多かった。最初はよかったんだけど、そのうちいろんなストレスが増えてきて、気がつくとたかぶる神経を鎮めるために毎晩お酒を飲まずにはいられなくなっていた。自分がADHDだと自覚してからは、お酒の量にはよく気をつけるようにしている。ADHDの人は、依存症になる確率がすごく高いからだ。

ADHDの人は社会不安に苦しむ場合も多い……

……だから人と交わるイベントのときには
お酒に頼ってしまいがち

だけど衝動性もあるから、
お酒を飲みすぎると
超ヤバい結果を招くことも

ADHDだと自己肯定感が低く、
うつになる人も多い……

……だからお酒を飲んで
否定的な感情をマヒさせようと
考えたくなる

ADHDの1日 149

だけどADHDの人がお酒を飲むときは、
こういうリスクが高いことを意識しておいたほうがいい

アルコール依存症

一気飲み　　　　　　　　　　　　　　　　　未成年の飲酒

不安や**人生のつまらなさ**を
紛らわすためにアルコールに
頼ってしまう人は……

どうして飲みたくなるのか
考えてみて

決して恥だとは思わないで。
自己治療法や
対処メカニズムとして
お酒に頼る人はたくさんいる

自分のパターンがわかれば、
解決策も見つけやすくなるはず

MY ADVICE
私からのアドバイス

人との交流の際に自信を持ちたくてアルコールに頼ってしまうのを避けるために、私は友だちとアルコールを飲むという選択肢のない活動に参加するようにしている(たとえばスポーツをするとか、博物館に行くとか)。

セラピー(とくに認知行動療法)のおかげで、自分がお酒を飲みたくなるきっかけがわかり、より健康的な対処メカニズムを選ぶことができるようになった。

料理

**ADHDの人の脳は実行機能の制御に
問題がある場合が多い**

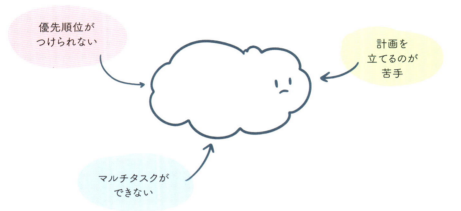

MY EXPERIENCE

私の経験

　料理は好きだけど、ADHDだと料理もそう簡単にはいかない。オーブンをつけっぱなしにしていることを忘れて、何度キッチンを燃やしそうになったことか。自分なりのやり方でけっこうおいしい料理がつくれているとは思うんだけど、きちんとレシピどおりにつくらなきゃいけない料理（たとえばケーキとか）は、たぶん無理。

実行機能がうまく制御できないと
日常生活のいろんな面に影響が出てしまう……

事務仕事

家事

衛生管理

料理のような、ふつうの人にはシンプルな作業も
影響を受けるものの一つ

よし、やるぞ

何せ
指示どおりに調理する
のが至難の業なのだ……

「……次にお鍋に
バターを加え……」

待って、
バターってどんな？

ADHDの1日

複数のタスクを同時にこなすのも超苦手

一つのことに
ずっと集中しつづけるのも難しい……

だけど少しだけ練習を積んだり**上手な対処方法を
見つけたりすれば ADHD 脳**でもちゃんと
料理できるようになるよ！

MY ADVICE
私からのアドバイス

オンラインの料理クラスを受けて、料理の基本を勉強してみたら、すごく自分に自信がもてるようになった。基本が一通りわかっていれば、ややこしいレシピに悩まされなくても、ふつうにおいしい料理をつくることができる。

料理をつくりたい気分のときはじっくり時間をかけて料理をするし、つくる気分になれないときは簡単なものを食べてすませるようにする。料理はこなさなきゃならない家事というより趣味みたいなものと考えたら、すごく楽しんでできるようになった。

過食

過食症はアメリカでいちばん多い摂食障害だって知ってた？

MY EXPERIENCE
私の経験

　キツい1日を過ごしてドーパミン・レベルが落ちこんでいるとき、自分にご褒美を与えるいちばん手軽な方法は「何か食べること」。それが戸棚に常備してあるソウルフード（私にとっては朝食用シリアル）だろうと、ファストフードのデリバリーだろうと、食べ物はいつだって1日の終わりに幸せを与えてくれる。ただ、長い1日のあと、気分を上げるために衝動的に食べ物に向かう癖がつくと、そこから摂食障害につながる可能性があるのだ。

全米摂食障害協会によると、過食症の特徴には
次のようなものがある

大量の食べ物を食べる

間隔をあけずに食べる

食べたあとで恥や罪悪感にさいなまれる

過食をしてしまう人は食べる量を自分で制御できないと感じている場合が多い

ADHDの人は神経性過食症、神経性やせ症、過食症といった摂食障害になる確率がふつうより高い

神経性過食症
神経性やせ症
過食症

ADHDの1日

デューク大学の見積もりでは
過食症をもつ成人の約30%にADHDがあるという

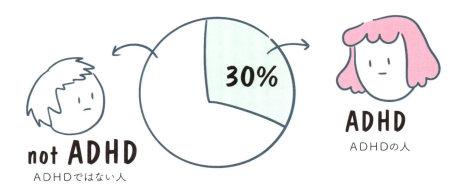

ある研究によると、ADHDの人が過食症になりやすいのは
脳の報酬系が過剰な反応を起こしやすいからだという

MY ADVICE
私からのアドバイス

過食の癖がしだいにひどくなって、自分ではもうどうしようもないと感じたとき、私はセラピストに助けを求めた。いっしょにもっといい対処メカニズム（たとえば趣味を楽しむとか）を見つけだし、1日の終わりにはなるべくドーパミンを抑えることができるようになった。

ＡＤＨＤの診断を受けたことで、私は自分と食べ物との関係を前よりずっとよく理解できるようになった。いまの私は自分に共感できているし、自分に対して抱く罪悪感もずっと少ない。

ADHDの1日

ビデオゲーム

ADHDの人はとくに
ビデオゲームに**ハマりやすい**って知ってた?

MY EXPERIENCE

私の経験

　私は子どものころからビデオゲームが大好きだった。10代のときには、シムたちのために一心不乱に家をつくりつづけていた。とにかく『ザ・シムズ』にとりつかれたような日々だった。ADHDと診断されたいまふりかえってみると、あのころの自分はものすごいハイパーフォーカス状態だったんだ！　と納得がいく。というか、いまだにビデオゲームにはついついのめりこんでしまう。飲み物を飲んだり、お風呂に入ったりといった休憩タイムをとるのも忘れるぐらい！

ゲームに夢中になることで、
身体的な多動をコントロールできる面もある……

それに刺激的なゲームにハイパーフォーカスすることで、
精神的な多動が落ちつく場合もある

ゲームの中では、ミスをしても誰も責める人はいない……

それに、
同じことに興味をもつ
友だちも見つけられる

そして一つ大事なことを
言っておくと
ゲームのせいで
ADHDになることは
絶対にない

きみのADHDって
ゲームのせいだろ

もう
いいかげん
にしてよ……

MY ADVICE
私からのアドバイス

一つの仕事をやめて次の仕事が見つかるまでのあいだ、私はゲームびたりになった。それがそのときの自分にできるいちばん楽しいことだったから、のめりこんでしまったんだと思う。ＡＤＨＤの人は、依存を引き起こしそうな趣味や行動に関わるときには、よく気をつけたほうがいい。

いまでもゲームは大好きだし、つい夜遅くまでぶっ続けでやっちゃったりするけど、必ずほかのことをするのも忘れないようにしている。ちょっと散歩に行ったりとか、新鮮な空気を吸いに外に出たりとかね。

ＡＤＨＤの１日　163

映画を観る

ほかにも集中が必要なことはいろいろあるけど、
映画を観るにはかなりの集中が必要

MY EXPERIENCE
私の経験

　ＡＤＨＤのある映画ファンには、ハマりがちな罠がいくつかある。観ている映画なりドラマなりに刺激が足りないと、観ている最中でもすぐに気がそれてほかのことを考えてしまう。どこかで見覚えのある俳優さんに気づいたら、その人の名前やどんな映画に出ていたかを調べずにはいられなくなり、ウィキペディアを見にいってしまう。あとはもちろん、映画の友のお菓子も欠かせない。だからＡＤＨＤ脳の私にとって、映画を観るのはかなりの大仕事なのだ！

ADHD脳の持ち主はあんまり刺激のない映画に集中するのはものすごく大変

そういうときには……

何回も映画を途中で止めて情報を検索したくなったり……

……ごそごそ動いていろんな姿勢をとってみたり……

**果てしなくお菓子を食べつづけて
刺激のない退屈さをごまかしたり……**

**完全にほかのことを考えはじめて
話の内容がわからなくなったりする**

みんながじつは
ずっと地下室にいたって
わかったときは、
ほんと、びっくりしたよね！

そ……そうだね！

MY ADVICE

私からのアドバイス

「今こそケイト・ブッシュが必要！」

私はよくドラマや映画の字幕をオンにして観る。そのほうが会話に集中できるから。このチートを使うようになって、前ほどほかのことを考えなくなった。

映画やドラマを1本観るのに、集中できなくて、何回か途中で止めなきゃならないこともある。そういうときは、無理に一度に観ようとしないで、またあとから残りの分を観なおせばいいや、と考えるようにしている。

恋愛関係

**ADHDの人は、恋愛関係でも
いろんな問題に直面する可能性がある**

MY EXPERIENCE

私の経験

　自分がADHDかもと疑いはじめたころ、私はADHDが自分の人生のあらゆる面にここまで大きな影響を与えているとは、思いもしなかった。もちろん、恋愛関係にもかなりの影響がある。特別な時間の最中にふっと気が散ってしまうのはあんまりうれしくない現象だけど、ADHDの人にはよくあることだとわかっていれば、自分もパートナーも気が楽になる。

抱きあっている最中にもADHDの気が散りやすい脳は
すぐにほかのことを考えてしまう……

感覚過敏のせいで
いろんなことが気になるし……

衝動的な行動を
とってしまうことも……

いい雰囲気になっている最中に
飽きちゃうことも……

早く帰って
趣味に没頭したい

付きあっている相手に
興味がなくなることもある

あなたじゃダメなの……

ADHDを抱える人はほかにもこんなことに困っている

したくない
セックスに
興味ない

オーガズム不能

セックス依存症

MY ADVICE
私からのアドバイス

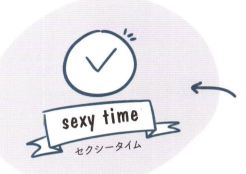

あんまりロマンチックじゃないかもしれないけど、パートナーと一緒に楽しむ特別な時間をちゃんと予定として決めておくのが、二人の関係に集中できるいちばんいい方法かも。

感覚的刺激に敏感なので、気が散る原因になるようなものは、できるだけ避けるよう気をつける。たとえばパートナーと2人きりの時間を過ごすときは、強すぎる香水をつけたり、うるさい音楽をかけたりしないようにしている。

ADHDの1日

就寝

「常識的な」時間に寝るのはADHDの人にはなかなかハードルが高い

MY EXPERIENCE
私の経験

　子どものころから、寝るのがけっこうつらかった。ベッドに行くのが大嫌いだった。まだエネルギーがありあまってるのに、なんで寝ないといけないの？　大人になったいまも、寝るのが大変なことに変わりはない。真夜中にいいアイデアを思いつくこともよくあるし、気をつけていないと、創作活動に夢中になるあまり夜明けまで起きていてしまう。そういうインスピレーションが湧くときじゃなくても、SNSをチェックしているうちに、ついつい夜ふかししてしまいがち。

楽しいことに夢中になって時間を忘れたり……

まだだいぶ早いから
2、3分だけTikTokを
チェックしようっと……

……やめどきがわからなくて延々と続けてしまったり……

あと1分だけ……

ADHDの人の中には
夜のほうがやる気が出る人もいる……

いろんな考えが頭の中をぐるぐるするから寝るのがこわいという人もいる

MY ADVICE

私からのアドバイス

真夜中にインスピレーションが湧いたり、何かやりたくなったりしたときには、次の日朝早くに予定が入っているのでなければ、流れにまかせてやってしまうことにしている。私は夜ふかしの自分を楽しんでいるし、ADHDだとわかっているから、夜ふかしも自分の個性の一つだと受けいれられるようになった。

テクノロジーから離れる（これは言うのは簡単だけど、実行するのは難しいよね！）、そしてスマホの画面を見ずにできることをする（読書、日記をつける、絵を描く、軽い運動をするなど）。これが寝る前にリラックスする秘訣だと思う。

ADHDの1日 175

part 3

ADHDの
ための
ライフハック

ADHD HACKS

ここまでに見てきたとおり、ＡＤＨＤをもつ人の暮らしはなかなかハード。でも、正しいツールを使いこなし、戦略をきちんと立てておけば、だんだんいろんなことがうまくこなせるようになって、けっこう平和な日常生活を送ることができるとわかってきた。この本の最後にあたるPART 3では、ＡＤＨＤの診断を受けてからの私を助けてくれた、基本的なものの見方やライフハックを書いていこうと思う。ここに紹介したことの全部がみんなに当てはまるとは限らないけど、大丈夫。とにかくいろいろ試してみて、自分の生き方にいちばんぴったりくる解決策を探っていこう。自分の生き方を世間に合わせるのは、もうおしまい。

HACK #1
ハードワークじゃなくて、スマートワークを目指そう

「痛みなくして得るものなし」——こんなモットーは、ＡＤＨＤの人にはハッキリ言って向いてない。ＡＤＨＤの人は、がんばらずにかしこく課題を解決できる方法をさがそう。

ＡＤＨＤ脳の持ち主は「がんばる」のはやめよう。がんばらないとうまくいかない、ってことはつまり、あなたの脳に向いたやり方で物事を進めていない、ということ。目標を達成して喜びを手にするには、必死にがんばるのをやめて、かしこいやり方を探した方がいい。こういう考え方を受けいれれば、自分に対してやさしくなれるし、問題を解決するかしこい方法をもっと上手にさがせるようになる。

締切にせっつかれたほうが仕事がはかどるという自信があるなら、ギリギリになるまでとりかからなくても大丈夫。仕事を終えるまでの時間が十分に確保できているなら、締切は仕事を進める強力な動機になってくれる。

おいしくて健康にいい食事をするのに、めちゃくちゃがんばる必要はない。めんどくさいレシピは忘れて、基本に帰ろう。高品質の基本食材（旬のフルーツや新鮮な乳製品）さえあれば、特別に努力しなくたっておいしいものはつくれる。

あなただけに教えるヒミツの
TIPS
ヒント

一つの問題を解決する答えが一つだけ、なんてことはめったにない。いろんなやり方を試してみて、自分にいちばん合った方法を見つけよう。

解決策を探す前に、まずはじっくりと時間をかけて問題を理解し、どうしてその問題を解決する必要があるのか考えてみよう。

あなたは世界にただ一人しかいない特別な存在、という事実をしっかりと受けとめよう。たとえあなたの解決方法が、ほかの人がふつうにやっているやり方と違っていても、心配しなくてOK。

「一生懸命がんばる」のがつねにベストとは限らない。燃えつきるまで自分を追いこまなくても、生産的かつクリエイティブな自分を保つことはできる。

ADHDのためのライフハック

HACK #2
習慣を積み上げよう

　新しい習慣をつくるのは、そんなに難しいことじゃない！　日常生活に新しい儀式を追加したい、と思ったら、「習慣積み上げ法」を使ってみよう。意外と楽に習慣化できるよ。

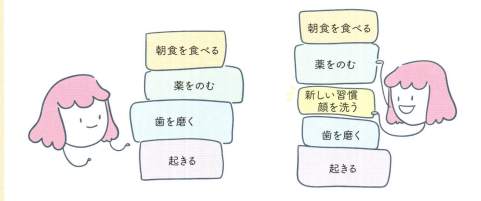

　私たちはみんな、自分だけの習慣をもっている。あなたの送っている日常生活は、一見めちゃくちゃなカオス状態に見えるかもしれないけど、毎日決まってやることは必ずあるはず。そういうすでに決まっている習慣は、新しい習慣をつくるためのすばらしいツールになる。新しい習慣を古い習慣の間に入れこめば、習慣を流れとして続けていきやすくなる。まずは簡単な習慣からはじめて、それが定着したら、1週間ごととか1カ月ごとに新しい習慣を加えていくようにしよう。

歯を磨いたら洗面台を掃除。

家に帰ったらその場で鍵を定位置に戻す。

コーヒーをいれているあいだに食洗機の食器をしまう。

目覚ましをセットするときに薬をのむ。

小さな習慣

TIPS
ヒント

小さな習慣からはじめよう。新しい習慣はごくシンプルなものがいい。

新しい習慣をはじめるときは、最初の2、3日は忘れないように目につくところにメモを貼っておいたり（付箋とか）、スマホにリマインダーをセットしておくといい。

一つ新しい習慣を導入したら落ちつくまで待って、また別の習慣を加えていこう。

ＡＤＨＤのためのライフハック　181

HACK #3
日常生活をゲーム化しよう

　ＡＤＨＤ脳の持ち主は、何かとご褒美を欲しがる。ムチでしばかれるよりアメをもらったほうが断然がんばれるタチなのだ。だからすべてのことをゲーム化するのは、より効果的に物事をこなしていける最高のアイディアだ。

　前にも少し言ったけど、ビデオゲームはＡＤＨＤ脳の持ち主にとってすごくやる気を出すきっかけになる！　だって、ゲームをやってるときに、これってつまんない作業だな……なんて思わないよね？　たとえ同じ行為の繰り返しであっても、ポイントとかコインみたいなご褒美を稼ぐためなら全然つらくない。だったら、このしくみを実生活にも取りいれちゃえばいいんじゃない？　日常生活にはゲーム化できる部分がたくさんある。家事や雑事をポイント制にしたり、ものすごーくやりたくない仕事を完了したらご褒美をもらえることにしたり。あと、自分が向上させたいスキルを可視化してみるのもいいかも。ゲームのキャラによくあるみたいにね！

何か学びたいと思ったら、ゲーム的な要素のあるアプリを使ってみよう。やりたい！　と思った最初の衝動が落ちついたあとも、ポイントをもらったり、レベルが上がったり、といった小さなきっかけが、勉強を続けていく気持ちを保つ助けになってくれるはず。

TIPS
ヒント

一人でやっていると、めんどくさい仕事はすっとばして、ご褒美だけ先に手に入れちゃう、みたいなズルをついしたくなる。誰か一緒につきあってくれる人がいれば、その人に対して説明責任が生じるから、ズルをしづらくなるよ！

自分なりのゲーム化のシステムをつくりあげるには時間がかかる。一度やってみてうまくいかなくても、気にしない。

目標はかしこく設定しよう。ゲーム化をずっとキープしていくためには、本気で達成したくなるような、現実的で意味のある目標を設定すること。

めんどうな仕事をこなすには、ご褒美を設定しよう。たとえば、3日続けてお皿を洗ったら、大好きなドラマを一気見してもいいことにする、とかね。

ADHDのためのライフハック　183

HACK #4
ポモドーロ・テクニック

　ＡＤＨＤの人にとって、エネルギーや集中力を一定に保ちつづけるのは簡単じゃない。そこで頼りになるのが、ポモドーロ・テクニック。このテクニックは、ほんとに効果的だ。

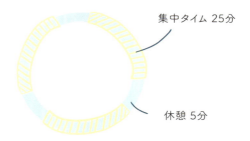

集中タイム 25分

休憩 5分

　ＡＤＨＤの人は、何かにチャレンジするとき、１かゼロか、という極端な状態に陥りやすい。ギリギリになるまで何ひとつ手をつけずにおいて、いざ集中する段になると、食べるのもトイレに行くのも忘れてのめりこむ。ポモドーロ・テクニックのすぐれているところは、その両極端の行動のバランスをとって、物事をうまく進めてくれる点だ。ルールとしては、まず取りくみたいタスクを一つ決める（これは身体的なタスクでもいいし、知的または創造的なタスクでもいい）。決めたら、そのタスクに25分間続けて取りくむ。25分やったら、5分間休憩する。これを4回繰りかえして1セットとし、1セット終わったら30分間長めの休憩をとる。

次に請求書の整理とか事務仕事をするときには、ポモドーロ・テクニックを試してみて。

さあ、やるぞ

TIPS
ヒント

私たちは一人一人、みんな違う。いろんなポモドーロ・タイムを試してみて、自分にいちばん合ったリズムを見つけよう。

取りくむタスクは、掃除とか片付けのような身体的タスクでもOK。

このQRコードを読みとれば、私のポモドーロ・テクニック解説ビデオをユーチューブで見られるよ！

休憩は必ず取ること！ スポーツでもそうだけど、休憩にはトレーニングと同じくらい大事な意味がある。休憩もテクニックの一部と考えて、すっとばさずにちゃんと休もう。

ほかに一緒にやってくれる仲間がいれば、ポモドーロ・テクニックの効果は倍増する。そういうときはもちろん、お互いの邪魔をしないよう気をつけて。

チーム・ポモドーロ

ADHDのためのライフハック

HACK #5
色分けしよう

　ＡＤＨＤ脳は、視覚的な手がかりがあったほうが理解しやすい。だから、日常生活のいろんな場面で色分けをとりいれると、生活の質が格段に上がる。プラス、おまけの効果もついてくる。だって見た目もかわいいじゃない？

　あまりに簡単すぎて、ホント？　と疑いたくなるかもしれないけど、だまされたと思ってやってみて。色分けするだけで、ＡＤＨＤの人はいろんなことの整理整頓がものすごくうまくいくようになる。パッと見て誰にでもわかりやすい色分けは、超優秀な分類方法。目を閉じて、毎日使っている生活用品を思い浮かべてみよう。それが何色か、すぐにわかるよね？　日々の暮らしの管理に色分けをとりいれれば、自分の探したいものがどこにあるか、使ったものをどこに片づければいいか、脳が自動的に判断してくれるようになるよ（ＡＤＨＤの人にとって、片づけが楽になるのはものすごく大きい！）。

服を色分けして管理すれば、その日何を着るか、イメージを描きやすい。見た目もスッキリするし、毎朝服を選ぶのに迷う時間も少なくなる。

TIPS
ヒント

書類の整理にも色分けが便利。たとえば、緊急に処理する必要があるものは赤、急がなくていいものは緑。

色分け管理できるものは、ほかにもたくさん。冷蔵庫に入れた食べ物、洗濯物、化粧品など、できないものはないくらい！

カラーマーカーやシール、マスキングテープを使って、自分なりのカッコいい色分けアートを考えてみよう。

本棚も色分けしてみよう。見て色が揃っているときれいだし、思っているよりずっと管理しやすくなる。

スマホのアプリも色分けフォルダーにまとめてみよう。使いたいアプリを前よりずっと探しやすくなるよ！

ＡＤＨＤのためのライフハック

HACK #6
まとまりごとに作業しよう

　やることリストが全然片づかなくて、どこから手をつけていいかわからない！　そんなときは、まとまりごとに作業する、という考え方が役にたつかも。　複数の仕事を同時にこなそうとするより、まとまりごとに一つずつ片づけていくようにすると、生産性も上がるし、時間もグッと節約できて、パニックに陥らずにすむ。

　いろんなタスクを並行して進めるより、同じ種類の作業に集中して取りくんだほうが、ずっと仕事がはかどるはず。ＡＤＨＤ脳の持ち主はまずタスクに取りかかるのが難しかったりするけど、まとまりごとに作業すればその点もクリアできる。一つのタスクが終わったらすぐ次のタスクに取りかかるようにすれば、先延ばしにしているヒマがないよね。途中で気が散るリスクも少なくなるし、やる気が続いて達成感も高まる、といいことずくめ。

窓の掃除がしたいけど、なかなか取りかかれない？ じゃあ「今日は窓だけ掃除する日！」と決めて、ほかには何もしない日をつくろう。

自炊する人は、料理もまとめてやっちゃうといい。毎日料理して片づけて……っていうストレスから解放されるよ。

事務仕事がめんどくさい？ じゃあたとえば週に1日だけ「事務仕事の日」を決めて、その日にまとめて事務仕事を片づけるようにしよう。そうすればあと6日は心おだやかに過ごせる。

TIPS
ヒント

週に1回とか月に1回、必ずやらなきゃいけない作業があるとしたら、日にちを決めておいて、その日はその作業だけに集中するようにしよう。

「まとめ作業」をすると決めた日には、会議や電話などの用事を入れないこと。途中で気が散るようなきっかけをつくらないのが、「まとめ作業」成功の秘訣。

ＡＤＨＤのためのライフハック

HACK #7
片づけはこまめに

　ＡＤＨＤの人は片づけが大の苦手！　何もかもがぐっちゃぐちゃでどうしていいかわからなくなる前に、気づいたときにこまめに片づける習慣をつけよう。

　家の中がいつもとっちらかっていると感じているなら、それはたぶん物が多すぎるから。毎年衝動買いやら、新しい趣味に飛びついては飽きる、というのを繰りかえしていると、いつのまにか家の中は物でいっぱいになっている。でも、気がついたらちょこちょこ片づける、という習慣をつけると、家の中は（多少なりとも）スッキリして片づけやすくなっていくはず。

たいていの人は、もっている服の数が多すぎる。ほんとうにしょっちゅう着る服だけを残し、クローゼットの奥のほうにしまいこまれた服は思いきって処分してしまおう。

電子機器も断捨離しよう。使っていないハイテク製品は価値がなくなる前に売り、古くなった機器や、どこに行ったかわからない機器のケーブルは、さっさと捨てよう。

もう着ない服

TIPS
ヒント

衝動買いしたものは、売ってしまおう。そうすればADHD税で払ったお金を少しでも取り戻せる。

1年間1度も着なかった服は、全部チャリティに寄付しよう。

家の中にあるものは、すべてしまう定位置を決めておこう。しまう場所がないものは、売るか寄付するかしたほうがいいってこと。

こまめに（たとえば月に1回とか）片づけていると、だんだん要領がわかってきて、思っていたほど大変じゃなくなるよ。

友だちを呼んで、断捨離パーティーをするのもいいよ！ 自分が使わなくなったものが、新しい持ち主の手に渡って役に立ってくれたら嬉しいよね。

ADHDのためのライフハック 191

HACK #8
チャレンジ・パートナーを見つけよう

　何かに真剣に取りくむこと、とくに新しい習慣を身につけることは、ＡＤＨＤの人にはものすごくハードルが高い。そういうことにチャレンジするときは、一緒に確認してくれるパートナーがいると、とても心強い。

　ＡＤＨＤ脳の持ち主は、やる気の出し方がふつう脳の人たちとは違う。だから、取りくんでいる物事が大変になってきたとき、やる気をなくしたりやめたくなったりするのを回避するために、新しいアイデアを見つけるのが重要になってくる。たとえば、チャレンジしていることについて確認してくれるパートナーをつくっておくのは、すごくいいアイデア。毎日ワークアウトのノルマをこなしたら親友にメールするとか、お皿を洗ったら写真にとってママに報告するとか、ネットで「アカウンタビリティ（励ましあい）グループ」を探してそれに参加してみるのもいい。自分にとって続けることが難しいチャレンジに取りくむときには、そういうやり方をとりいれてみよう。そのうち気がついたら、システムに頼らなくてもそのチャレンジは自分の一部になっているはず。

薬をのむのをつい忘れちゃう？ 毎朝薬をのんだら、空っぽのピルケースの写真を撮ってパートナーに送ろう！

「パートナーになって」リクエスト・メール

こんにちは 〇〇さん

突然ですが、私がちゃんと
「　　　　　」
できているか確認する
パートナーになってくれませんか？

毎日／毎週／毎月
確認作業を手伝ってもらえると
嬉しいです

ADHDの私が目標を達成するには、
パートナーがいてくれると
ものすごく助かるんです

もっと運動したほうがいい？ 毎日歩いた歩数をXにポストしてみるのはどう？

毎朝早起きしようとがんばっている？ パートナーと早起きゲームにチャレンジしてみよう。朝、先に起きてメールしたほうが勝ち！

TIPS
ヒント

新しい習慣を一人で続けるのが難しくて、誰か手伝ってくれるパートナーが欲しいときは、私がつくったこのテンプレートを使ってみて！

ADHDのためのライフハック

HACK #9
ボディダブリング

　ＡＤＨＤの人にとって、一つのタスクにずっと集中しつづけるのはめちゃくちゃ難しい。ボディダブリングは、そんなときにすごく役に立つアイデア。人目があると、やることを先延ばしにしづらくなってサボりにくくなる。

仕事に取りくみやすい雰囲気

　ボディダブリングというのは、要は誰かほかの人がいるところで何かをすること。同じことをしているかどうかは関係なく、ただその場に他人が一緒にいるだけで、ＡＤＨＤの人は集中してタスクをこなせる場合が多い。このボディダブリングは、現実にその場に誰かにいてもらうのでもいいし、オンライン上でつながっているだけでもいい。ネット上でミーティング・グループを探して参加したり、自分でグループをつくったりしてみよう。それか、ユーチューブでボディダブリング系のビデオを観てみるのもいい。ボディダブリングがどうしてそんなに効果があるのかわからないけど、とにかく一度やってみる価値あり！

「一緒にお勉強」とか「一緒にお掃除」系のビデオを観ながらやると、一人でやるよりずっとはかどるよ。

毎週友だちとオンラインで話をしながら家事をすると、片づけながら相手の様子もわかって一石二鳥。

クリエイティブな仕事をするときにも、ボディダブリングは助けになる!

TIPS
ヒント

ボディダブリングにポモドーロ・テクニックを組みあわせると、さらに効果的。

ボディダブリングがすごく自分に合っていると思ったら、有料のボディダブリング・サービスに加入して最大限に活用しちゃうのも面白いかも。

ADHDのためのライフハック

HACK #10
ラベルづけ

　ラベルづけは、ADHD脳の能力を最大限に引きだす最高の方法。いろんなものをあるべき場所にしまうことが簡単にできるようになり、どこに置いたかわからなくなって何時間も無駄にしたりしなくなる。

　いろんなものにラベルを貼ると、日々の暮らしがほんとうに楽になる。ある物を置いておくはずの定位置がどこだったか、ラベルがあればひと目でわかって判断に悩むこともない。家にあるいろんな物にラベルづけをするだけで、家のなかがずっと片づきやすくなり、前みたいに完全なカオス状態に陥ることもなくなる。

薬は1日分ずつに分けてケースに入れておくと、のみ忘れたり、間違って2回のんだりするのを防げるよ。

TIPS
ヒント

ちょっといいラベルライターを買っちゃおう。それだけでラベルづけが楽しくなる。

とにかくどんどん貼ってコツをつかむこと。ラベルづけしてみて、なんかうまく管理できないなと思ったら、別の分類の仕方に変えてみよう。分け方を少し変えるだけで、案外うまくいくかも。

手づくり作業は好き？ なら、自分でかわいいラベルをつくってみると、気分が上がるよ！

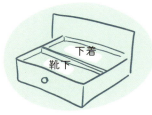

クローゼットがぐちゃぐちゃ？ アイテムごとに分けて、ラベルをつけて収納しよう。

冷蔵庫にもラベルづけ！ ＡＤＨＤだと、冷蔵庫のなかはぐちゃぐちゃになりがち。食べ物にもラベルを貼っておくと管理しやすい。

ＡＤＨＤのためのライフハック　197

HACK #11

ブレインダンプ
（頭の中の棚おろし）

　ADHD脳はいろんな思いつきや考えですぐに頭がいっぱいになってしまう。頭の中がつねにパンパンの状態で日々を暮らすのは、けっこうキツい。だから、ときどきブレインダンプをして、頭の中を棚おろししよう。そうすれば、情報があふれてパニックになるのも避けられる。

　ブレインダンプのやり方は、とってもシンプル。まず、紙とペン、またはスマートフォンかパソコンを用意する。次に、思いついたことを全部紙（またはスマホやパソコン）に書きだす（絵でもOK）。たとえば、「支払いが必要な請求書」でもいいし、「返事をまだしていない友だちからのメール」でもいい。書きだしてみると、書ける項目が意外と少ないのに気づくはず。それから、この書きだした項目を使って「やることリスト」をつくってもいいし、自分の考えをまとめるヒントにしてもいい。それか、書いただけでスッキリしたなら、そのままリストを捨ててしまってもかまわない。

パニックを起こしそう、とかストレスが限界と感じたら、ブレインダンプする習慣をつけよう。すぐに心の平和が取り戻せるよ。

リストづくりは楽しくやろう！ 色鉛筆やカラーペンを使って、見た目にも楽しいリストをつくってみて。

ブレインダンプでリストアップできるのは、仕事や家事・雑事だけに限らない。人間関係で努力したいこと、難しいことを書いてみてもいい。

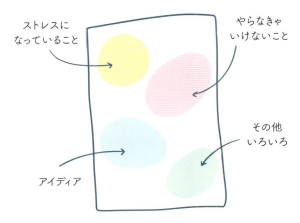

ストレスになっていること

やらなきゃいけないこと

その他いろいろ

アイディア

TIPS
ヒント

真っ白なページに書きだすのが難しかったら、このテンプレートを使ってみて！

ADHDのためのライフハック 199

HACK #12
常識との葛藤

　決めたことがなかなか達成できなくて苦しいときや、人生いろんなことがとっちらかってどうしたらいいかわからなくなったとき、ちょっとひと息いれて、状況を冷静に分析してみよう。すると、事態を複雑にしているこじれの原因が何か、わかることが多い。

　ＡＤＨＤの人（とくに大人になってからＡＤＨＤの診断を受けた人）は、自分の脳の傾向に逆らって生活するのに慣れてしまっている。「マスキング」や「過補償」行動のせいで、自分にとって世間でふつうに暮らしていくのは苦痛を伴う行為なんだ、という考え方が染みついているのだ。この悪循環を断ち切って、もっとずっと平和に日々を過ごしていくためには、自分の脳の働き方に合っていない部分をつきとめて、それを取りのぞくところから始めた方がいい。ＡＤＨＤ脳の習性と常識との摩擦をなくすことができれば、私たちの能力も気分もずっと上がるはず。

部屋の片側に洗濯カゴがあるのに、反対側の片隅に汚れた衣類が散らかってる、なんて状態にはうんざり？　それって、いま実行している解決策があんまりうまくいってないってことだよね。じゃあ、いつも脱いだ服を散らかす場所に洗濯カゴを置くようにしたらいいんじゃない？

野菜を洗って切るのがかったるくって料理なんてやってらんない、と思うなら、冷凍のカット野菜を買ってみよう。何もかも一から準備しなくたっていいんだよ！

TIPS
ヒント

ある状況がうまくいっていない、と感じたら、状況を分析してどこがうまくいっていないのか特定し、それを取り除こう。

毎日の暮らしを楽にすることに罪悪感をもたなくていい。楽なほうを選ぶのは、全然悪いことじゃないよ！

自分の生き方を人と比べるのはやめよう。私たちの目標は、毎日を楽しく生きること。SNSでおすすめされる基準に、自分を合わせる必要なんかない。

HACK #13
リマインダーを活用しよう

　当たり前だと思うかもしれないけど、リマインダーを使うだけでＡＤＨＤの人の生活はグッと楽になる。正直言って、ＡＤＨＤ脳の中はつねにとっちらかっているので、いろんなことを覚えておくのがすごく難しいのだ。リマインダーをスマートに使いこなす習慣をつけておけば、それだけで安心していられる。

リマインダー：
リマインダーを
セットすること

　気が散りやすいＡＤＨＤ脳の持ち主には、さっきまで考えていたことを見失ったり、いろんなことを忘れたり、というのが日常茶飯事。たとえば、「あ、友達のメールに返信しなきゃ」と思いだしたとする。で、スマホを手にすると、インスタグラムの通知が入っているのに気づく。次に気づいたときにはインスタの画面を見て1時間も経っていて、友だちのメールの件なんかどっかへ行っちゃってる。こういう状況を避けるためにも、忘れちゃいけない大事な用事には、必ずリマインダーをセットしよう。

植木をすぐ枯らしちゃう？ 水やりを忘れないように、毎日知らせてくれるリマインダーをセットしておこう。

スマホによっては、位置情報と連携してリマインダーをセットできる機能もある。たとえば、クリーニング屋さんのそばを通りかかったら、「服を引きとりにいくんだよ」とリマインダーで教えてくれたりする。

賞味期限が迫っている食べ物を買ってきたときにも、リマインダーをセットしておくといいよ。

TIPS
ヒント

リマインダーですべてのタスクをうまくこなせるとは限らない。そういうときは、ほかの方法を試してみよう。そのタスクを自動化するとか（このやり方はHACK #15参照）、ほかの習慣と結びつけてやってみるという手もある。

リマインダーに気づかずスルーしてしまう傾向がある人は、アラームの音量をできるだけ大きくしたり、目で見てわかるお知らせ方法をとりいれたりするといい。手書きで書く場合は、目立つ色の紙に大きな字で書いておこう。スマホのアラーム音を、聞き慣れていない音に変えてみるのもいいかも。

ＡＤＨＤのためのライフハック

HACK #14
チェックリストを活用しよう

　パイロットと外科医と宇宙飛行士の共通点は何か知ってる？　それは、全員チェックリストを使っていること！　そんなシンプルなツールで、あんなややこしそうな仕事が管理できるなら、私たちもとりいれてみるべきなんじゃないだろうか。繰りかえしやる必要のある重要なタスクには、チェックリストをつくっておけば、時間の節約にもなるし、うっかりミスも防げるはず。

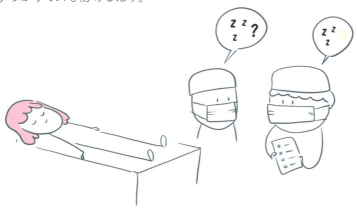

　よく考えてみると、私たちが毎日こなしているタスクの多くは、繰りかえしやる必要があるものだ。ゴミ出し、食洗機の片づけ、家賃の支払い、歯みがき——こういったタスクはみんな、過去に何度も繰りかえし行ってきたことばかり。だから、ＡＤＨＤの人にはチェックリストが大いに役にたつ。一度チェックリストをつくってしまえば、あとは毎日（毎週、毎月）それにチェックを入れるだけでいい。

買い物に行くたびに買い物リストをつくるかわりに、よく買うものを一覧にしたチェックリストをつくっておくといいよ。

家を出るときに大事なものを忘れないように、外出時用チェックリストをつくろう。玄関に貼っておけば完璧!

TIPS
ヒント

スマホにはたいてい、シンプルなチェックリスト作成ツールがついている。もっとかわいいデザインやいろんな機能が欲しかったら、アプリを探してみるのもおすすめ。

手書きでつくったほうがわかりやすい? そういう人は紙にリストを書いて、ラミネートしよう。チェックにホワイトボード・マーカーを使えば、何度でも消して再利用できるよ。

衛生管理がきちんとできない? 朝用と夜用のケアを一覧にしたチェックリストをつくろう。

マジックじゃなくてホワイトボード・マーカーがいい

ADHDのためのライフハック 205

HACK #15
タスクの自動化

　ＡＤＨＤだと日々、いろんなことを忘れて困った状況に陥る。それを防ぐために、四六時中緊張して情報が頭から抜けないよう努力する人もいるけど、それだとものすごく疲れるし、効率もよくない。繰りかえし行うことがわかっているタスクは自動化してしまうと、ＡＤＨＤ脳の持ち主でも日常生活をずっと楽にこなせるようになる。

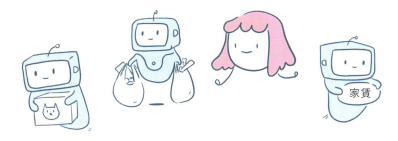

　たとえば「キャットフードを注文する」とか、何かしなくちゃいけないことを30分ごとに確認しているうちに丸一日経っていた、という経験がしょっちゅうあるのでは？　そういうときは、決まった行動を自動化してしまうのが、かしこい解決策かも。タスクの自動化を上手に利用すれば、覚えておかなくちゃならないことを減らせて、気分がずっと楽になる。まずは、ついつい忘れてしまいがちな「繰りかえし発生するタスク」とか、忘れるとヤバいというプレッシャーのかかるタスクがどれくらいあるか、確認するところからはじめよう。次に、それを自動化できるかどうか、考えてみよう。

請求書や家賃は自動引き落としにすれば、払い忘れがなくなるよ！

キャットフードみたいに定期的に注文するものは、サブスクリプション（定期購入）サービスを利用して自動的に届けてもらおう。

TIPS
ヒント

もちろん、自動化が万能の解決策なわけじゃない。ときどき自動化したものがほんとうに自分のニーズに合っているかどうか、確認してみることも大事。

自動化できることは、アイディア次第でほんとうにたくさんあるよ！ とにかくいろいろ工夫して試してみよう。実際にやってみないと、自分に合っているかどうかわからないもんね。

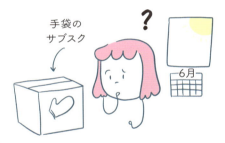

お金がなかなか貯まらない？ だったら、毎月自動的に決まった額を普通預金口座から定期預金口座に振り替える積み立てをするのもいいし、何かを買ったら自動的にいくらかを貯蓄に回すアプリを使ってみてもいいよね。

ＡＤＨＤのためのライフハック 207

HACK #16
音楽の力を借りよう

　音楽にはすごい力がある。聴くだけで悲しくなったり、明るい気分になったり、集中力を高めてくれたりする。ADHDの人にとっては、音楽の力を借りて物事を片づけるのが、いちばんシンプルかつ効果的な方法かもしれない。

　仕事に行きづまったときや、やる気がどうしても起きないとき、事態を改善するいちばん簡単な方法は、音楽をかけること。音楽には、集中力を保てる時間を延ばす力があるって知ってた？　好きな音楽を聴くと、脳のドーパミン値が上がり、集中力が高まって、とりかかったタスクを完成させようという意識が刺激される。また、感情の調節がうまくいかないときも、気分を変えるのに音楽はすごく役にたってくれる。

仕事の締切がなかなか守れない？ そういうときは、気分を上げてくれるドラマチックな映画のサントラを聴くと仕事がはかどるよ！

家の中が片づかない？ そんなときは、好きな曲をかけて、その曲が終わるまでにどれだけ掃除できるか、っていうゲームをしてみよう。

音楽ってあんまり……という人は、ホワイトノイズやブラウンノイズみたいな、低周波音を聴いてみるのはどうかな？ 自分のまわりの雑音を消したいとき、こういうノイズを聴くと集中力が高まったりするよ。

TIPS
ヒント

同じ曲を何度も何度も繰りかえし聴いちゃうことはある？ これはＡＤＨＤの人にはありがちな癖で、聴覚的な自己刺激行動の一種と考えられているらしい。

ただし、ヘッドフォンを使って爆音で音楽を聴くときは要注意。脳にはいいかもしれないけど、耳がやられちゃう心配もある！

私が集中したい時に聴く曲のプレイリストをユーチューブにまとめておいたから、よかったらこのＱＲコードを読みこんでみて！

ＡＤＨＤのためのライフハック 209

さいごに

**最後まで読んでくれて、ありがとう!
ここまでたどりついただけで満点!**

　最初から「正しい」順番で読んだわけじゃなくても、ぜんぜんOK! 私がこの本でやりたかったのは、みんながADHDについて抱いた疑問（たとえば「ADHD税」って何? とか）の答えを探せる、便利なツールをつくること。彼氏や彼女のためにがんばっ

て準備していたディナーを焦がしちゃったとき、こんなバカは私だけ……って落ちこまなくてすむように、寄りそってくれる存在になること。そして、毎月家賃を払うのを忘れちゃう、みたいなADHDにありがちな困った事態を、上手に乗りきっていくヒントを探せるガイド役になること。

　でも、それだけじゃない。私が何よりも実現したかったのは、ADHD当事者による、ADHD当事者に向けて書かれた、ADHDに関する本をつくることだった。長文ばっかりで途中で読む気をなくすような本じゃなくて、いつでも手にとって楽しく読める本。自分で言うのもなんだけど、けっこういい本ができたんじゃないかと思う。できればこの本がこの先何年もあなたのすぐそばにあって、悩んだり迷ったり落ちこんだりしたときには、いつでも開いて心を落ちつけられるような存在であってくれたらいいな、と願っている。この本のことを、いつでも戻ってこられる安全地帯だと思ってほしい。たとえADHDがあっても、みんなが穏やかに健やかに日々をすごせますように。そう、ADHDをもつ人だって、穏やかな日々を送ることはできるのだ。

謝 辞

　インスタグラムの私のアカウントに、世界中から「いいね」やコメントをくれたり、ポストをシェアしたりして、私を支えてくれた人たちに、ほんとうに心からありがとうと言いたい。みんなの励ましや温かいメッセージがあったからこそ、ここまで続けてこられたと思う。とくに、インスタをはじめたばかりで、イラストもスマホに直接指で描いてたころにもらった反応は、ものすごくうれしかった（専用のお絵かきツールがなくたって、描きたいという気持ちがあればなんとかなる！）。ADHDがある私みたいな人間にとって、イラストを描いてポストしつづけていくのは簡単なことじゃない。それを可能にしてくれたみんなからのサポートには、どんなに感謝しても感謝しきれない気がする。

　D、あなたがいなかったら、私は何一つ達成できなかった。あなたと出会うことができて、私ってほんと、なんて幸せ者なんだろう。いつもあなたらしいあなたでいてくれて、ほんとうにありがとう。

ベイビーD、この本を書いているあいだずっと、あなたの小さな足が私のおなかを蹴っているのを感じていたよ。あなたのママになれて、信じられないくらい嬉しい。

ママ、ずっと私を信じてくれて、そして私が自分自身を信じる勇気を与えてくれて、ありがとう。ママはいつだって、新しいものを生みだそうとする私の能力を、全力で育ててくれた。きっとママもこの本を気にいってくれると思う。

モーヴァン、ジェマー、ジャンナ、クリステル、その他TMACチームの全員にも、心からお礼を言いたい。つねに変わらず私を支え、励ましてくれてありがとう。みんなの貴重なアドバイスは、ウェブサイトやSNSアカウントの管理にほんとうに役立っている。

我慢強く、親身になって相談にのってくれたエージェントのハティーにも、心の底から感謝したい。そして、この本を世に出す原動力になってくれた、サム、エヴァンジェリン、フェイス、エミリー、ルーシーにも、たくさんのありがとうを伝えたいと思う。

NOTES

NOTES

【著者紹介】

アリス・ゲンドロン（Alice Gendron）

●──1990年パリ生まれ。アンジェ美術学校を卒業後、さまざまな職を転々とする。2015年からフリーのライターになるが、日常生活や仕事で「ふつう」と違う自分に疑問を抱き、20年夏、意を決して受診し正式にADHDの診断を受ける。直後にインスタグラムのアカウント「The Mini ADHD Coach」を開設し、かわいいイラストとともに日常をシェア。人気の高まりにつれて、ADHD（とその疑いのある人）向けのヒントやアドバイスを伝え始める。

●──20年に『Could It Be ADHD？（ひょっとしてADHD?)』というワークブックを自費出版。3カ国語に訳され、多くの人の助けとなっている。

著者の日本語サイト
https://www.theminiadhdcoach.jp/

【監修者紹介】

司馬理英子（しば・りえこ）

●──岡山大学医学部、同大学院卒業。1983年渡米。アメリカで4人の子どもを育てるなか、ADHDについて研鑽を深める。1997年『のび太・ジャイアン症候群』(主婦の友社)を執筆、出版。日本にはじめて本格的にADHDを紹介し、大きな反響となった。同年帰国し、東京都武蔵野市に発達障害専門のクリニックである「司馬クリニック」を開院。子どもから大人まで治療を行っている。その他著書に『シーン別アスペルガー会話メソッド』『よくわかる 女性のアスペルガー症候群』（以上、主婦の友社）、『わたし、ADHDガール。恋と仕事で困ってます』（東洋館出版）、『どうして他人とうまくやれないの？』『漫画でわかる 私ってADHD脳!?』（以上、大和出版）、『大人のADHDのための段取り力』（講談社）などがある。

【訳者紹介】

加藤輝美（かとう・てるみ）

●──英語翻訳者。愛知県立大学文学部英文学科卒。洋楽雑誌の記事翻訳や書籍翻訳を手がけている。訳書に『ダニー・トレホのタコスを喰え！』（晶文社）、『実践‼ WTFファスティング』（パンローリング）、『あなたは「祖父母が食べたもの」で決まる』（サンマーク出版）、『シンプルなクローゼットが地球を救う』（春秋社）、『ホープ・ネバー・ダイ』（小学館）、『アートからたどる 悪魔学歴史大全』（共訳、原書房）がある。

ADHDかな？と思ったら読む本

2024年10月21日　第1刷発行

著　者──アリス・ゲンドロン

監修者──司馬理英子

訳　者──加藤輝美

発行者──齊藤　龍男

発行所──株式会社かんき出版

　　　　　東京都千代田区麹町4-1-4 西脇ビル　〒102-0083
　　　　　電話　営業部：03（3262）8011代　編集部：03（3262）8012代
　　　　　FAX　03（3234）4421　　　　　　振替　00100-2-62304
　　　　　https://kanki-pub.co.jp/

印刷所──シナノ書籍印刷株式会社

乱丁・落丁本はお取り替えいたします。購入した書店名を明記して、小社へお送りください。ただし、古書店で購入された場合は、お取り替えできません。
本書の一部・もしくは全部の無断転載・複製複写、デジタルデータ化、放送、データ配信などをすることは、法律で認められた場合を除いて、著作権の侵害となります。
©Terumi Kato 2024 Printed in JAPAN ISBN978-4-7612-7766-6 C0030